Glaube [kompakt]

Glaube

[kompakt]

Dorothee Boss

echter

Noch ein Hinweis für alle Leserinnen und Leser:
Zur besseren Lesbarkeit wird auf die gleichzeitige Verwendung männlicher und weiblicher Sprachformen verzichtet, ohne damit jedoch eine Diskriminierung zum Ausdruck bringen zu wollen.

[Warum dieses Buch geschrieben wurde]

Der christliche Glaube schaut auf eine lange spannende Geschichte zurück. Seit 2000 Jahren existiert diese Weltreligion und es sieht ganz danach aus, dass sie Menschen auch in Zukunft faszinieren und binden wird. Obwohl der christliche Glaube unter mancherlei Beschuss geraten ist und sich in seinen Ursprungsländern immer häufiger das Feld des Glaubens mit anderen religiösen Überzeugungen teilen muss, so fühlen sich ihm mehr als ein Drittel der Menschheit zugehörig und bezeichnen sich selbst als Christen.

Im Konzert der Weltreligionen spielt der christliche Glaube eine wichtige, aber nicht die einzige Rolle. Er teilt sich mit Islam, Judentum, Hinduismus und Buddhismus die Kategorie der Weltreligionen. Im vielstimmigen Chor aus Glaubensvorstellungen und religiösen Gemeinschaften im globalen Dorf muss sich das Christentum neu positionieren und kann nicht nur auf liebgewonnenen Traditionen beharren. Obwohl die meisten Menschen im christlichen Glauben hinein geboren wurden, fühlen sich viele Gläubige in Europa den Traditionen des Christentums entfremdet, auch wenn die ethischen Prinzipien des Christentums in Politik und Gesellschaft größtenteils noch verankert sind.

Anstelle einer fraglosen Einbindung in christliche Traditionen und Regeln steht heute jeder Christ vor der Aufgabe, Antworten auf seine religiösen Fragen eigenständig zu erarbeiten.

Um diesen Prozess zu unterstützen, wurde dieses Buch geschrieben. Es will zuerst kritische Fragen an den christlichen Glauben aufgreifen und Missverständnisse, soweit es geht, einer Klärung zuführen. Viele Menschen kapitulieren angesichts der theologischen Fachsprache, und stellen ihre persönlichen Fragen an den Glauben lieber an anderer Stelle. Aus der Fülle an Einsichten und Lehren des christlichen Glaubens genau die Teile herauszufischen, die für die eigenen Denkprozesse interessant sind, ist häufig ein mühsames Unterfangen.

Deshalb stellt dieses Buch den Kern des christlichen Glaubens nachvollziehbar dar. Wer sich dafür interessiert, findet hier seine grundlegende Aussagen lebendig und verständlich dargestellt.

Bei der Fülle der Glaubensinhalte des christlichen Glaubens musste notwendigerweise eine Auswahl getroffen werden. Nicht alle Fragen und Aussagen können hier erörtert werden.

Wenn dieses Buch Interesse und Neugier auf weiteres Nachdenken über den christlichen Glauben weckt, hat es seinen Zweck erfüllt.

INHALT

[Missverständnisse]

Missverständnisse haben zu Unrecht ein schlechtes Image. Sicherlich können Missverständnisse in der Kommunikation zwischen Menschen zu negativen, bisweilen tragischen Erfahrungen führen. Missverständnisse bieten aber auch Chancen. Bei der Entdeckung eines Missverständnisses lerne ich unter Umständen jemanden besser kennen und verstehen. Der christliche Glaube hat tatsächlich eine ganze Menge an Missverständnissen produziert, von denen nun eine Auswahl präsentiert wird, um sie argumentativ zu erörtern.

Diese Missverständnisse haben meist ein weiterführendes Gespräch oder auch ein persönliches Nachdenken über den christlichen Glauben verhindert. Es ist aber durchaus sinnvoll, einige dieser Missverständnisse einmal genauer unter die Lupe zu nehmen. Vielleicht erscheint hierdurch eine neue Perspektive.

[Missverständnis 1]
Im Alltag spielt der Glaube keine Rolle

Religion im Allgemeinen (und der christliche Glaube im Besonderen) hat nach dieser Meinung bei den meisten Menschen scheinbar keine Bedeutung. Viele Menschen glauben danach nur das, was sie empirisch eindeutig erfassen können.

‚Haben Sie Gott dort oben gesehen?' wurde Jurij Gagarin, der erste Mensch im All, 1961 nach seiner Rückkehr auf die Erde gefragt. Er verneinte: ‚Ich habe Gott dort nicht gefunden.' Gagarin wollte damit zeigen, dass nur beweisbare Fakten und Tatsachen Geltung haben sollten. Alles, was man messen kann, existiere, alles, was nicht belegbar ist, könne nicht vorhanden sein. Demnach sei der Glaube ‚tot', weil er nicht eindeutig bewiesen werden kann. In einer Welt, die von Positivismus durchdrungen ist, hat Glaube keinen Platz mehr und löst sich auf.

Tatsächlich ist der Alltag jedes Menschen von Glaubensakten durchzogen. Ständig steht die Frage im Raum, ob man einer Person, einer Gruppe oder einer Institution glauben kann. Ist die Testzeitschrift Ökotest glaubwürdig, wenn sie bestimmte Honigsorten als gesundheitlich empfehlenswert einstuft? Werden sich die Weltmeere in den nächsten hundert Jahren tatsächlich um mehrere Grad erwärmen, sind die Klimaforscher glaubwürdig?

Besonders im privaten Bereich spielt Glaubwürdigkeit eine große Rolle. Ist mein Partner glaubwürdig, wenn er behauptet, dass er mich nicht betrügt? Sind meine Eltern glaubwürdig, wenn sie behaupten, dass sie mich wegen einer Fünf in Mathematik nicht bestrafen, sondern mir helfen werden?

Auch Persönlichkeiten des öffentlichen Lebens stehen unter dem Anspruch der Glaubwürdigkeit. Sind der Dalai Lama und seine Botschaft glaubwürdig, wenn er jegliche Gewalt gegen die Chinesen ablehnt? Ist Angela Merkel unglaubwürdig, wenn sie Steuersenkungen verspricht?

Die Frage nach der Glaubwürdigkeit im Sinne von Vertrauenswürdigkeit ist beileibe nicht überholt. Jeden Tag versichern sich Menschen gegenseitig, ob angekündigte Absichten tatsächlich eintreten, Versprechen eingehalten werden oder gar Drohungen wahrgemacht werden. Als unglaubwürdig wird ein Gesprächspartner eingestuft, wenn seine tatsächliche Handlung nicht mit der zuvor angekündigten Absicht übereinstimmt. Somit ist Glaubwürdigkeit ein zentrales Element im Alltag. Sie bezieht sich zwar stets auf Handlungen in der Vergangenheit, die Konsequenzen aus mangelnder oder vorhandener Glaubwürdigkeit haben jedoch auf die Zukunft und das soziale Leben im Kleinen und Großen erhebliche Wirkung.

Man kann deshalb sagen, dass zumindest die Frage ‚wem glaube ich?' verbreitet und alltäglich ist. ‚Heute spielt Glaube im Alltag keine Rolle', ist eine Aussage, die der Realität nicht standhält.

Die ersten Jünger Jesu Christi benutzten ebenfalls das Kriterium der Glaubwürdigkeit des neuen Wanderpredigers Jesu. Nach seinem Tod war es die Glaubwürdigkeit der Zeugen und ihrer Botschaft ‚Jesus lebt', die eine wesentliche Rolle bei der Verbreitung des Christentums spielten. So genossen die Erfahrungen eines Petrus oder eines Jakobus hohe Anerkennung in Kreisen der Jesusjünger. Man schrieb ihnen aufgrund ihrer persönlich engen Bindung an Jesus vor seinem Tod und ihrer authentischen Bereitschaft, seiner Botschaft zu folgen und ihr Leben entsprechend umzugestalten, eine große Authentizität zu. Glaubwürdigkeit ist schließlich eine der wesentlichen Kriterien für die Legitimation auch der christlichen Religion.

[Missverständnis 2]

Der christliche Glaube ist nur etwas für kleine Kinder oder kindlich gebliebene Erwachsene

Ein weiteres Missverständnis hat mit einem weit verbreiteten Vorurteil von Erwachsenen zu tun: Christlicher Glaube sei nur etwas für Kinder oder kindlich gebliebene Erwachsene.

Christlicher Glaube entspricht für viele einem kindlichen und ‚magischen' Weltbild. Sobald man aus der Kindheit herauswächst, so der Tenor dieses Missverständnisses, verliere sich der Glaube und spiele keine Rolle mehr. Die Befürworter dieser Annahme ‚Der christliche Glaube sei nur etwas für kleine Kinder' gehen davon aus, dass Glaube immer auf der Entwicklungsstufe eines Kindergartenkindes angesiedelt sei. Christlicher Glaube funktioniere, weil Gläubige eine bestimmte Entwicklungsstufe noch nicht abgeschlossen hätten. Das Beten zu Gott sei ein Ritual, mit dem suggestiv Kräfte beschworen werden, die in Wirklichkeit nicht existieren.

Reife Erwachsene können somit nicht glauben, denn sie sind im Besitz nachvollziehbaren Wissens und haben die magische Stufe des kindlichen Denkens abgeschlossen. Bischöfliche Aussagen wie ‚Ich habe einen Glauben wie ein Kommunionkind' bestärken Kritiker, die im christlichen Glauben nur ein Bekenntnis auf Kindergartenniveau sehen. Solche Menschen nehmen Glaubende einfach nicht als erwachsene Gesprächspartner ernst. Leider haben die Kirchen diesem Denken Vorschub geleistet. Katechesen, also Unterweisungen und Diskussionen um den christlichen Glauben, fanden oder finden fast nur in Kindergottesdiensten statt, manchmal auf dem Niveau des ‚lieben Jesuleins'.

Die Infantilisierung des Religiösen sorgt dafür, dass viele Erwachsene müde abwinken, wenn es um Fragen des Glaubens geht. Die Rede von einer Gottesbeziehung mit dem ‚lieben Vater im Himmel', der über seine Gläubigen wie seine Kinder auf Erden wacht und für sie sorgt, mag beruhigend wirken, die meisten Erwachsenen können mit einer solchen Gottesanrede nur leidlich etwas anfangen.

Erst langsam setzt sich in christlichen Gemeinden der Gedanke durch, dass dieser Glaube eine Bedeutung auch für das komplexe Leben von Erwachsenen und für erwachsenes Denken haben kann.

Jesus selber hat sich nur an wenigen Stellen in den

Evangelien direkt an Kinder gewandt. In der bekannten Stelle der Kindersegnung geht es ihm z. B. nicht in erster Linie um die Kinder, sondern um Erwachsene (Mk 10,13–16). Seine Adressaten waren fast durchweg Erwachsene, die aufgrund ihrer Erfahrungen in ihrem konkreten Leben als arme Bauern und Fischer existentielle Fragen und Zweifel mitbrachten: ‚Was bin ich wert, wenn die Obrigkeiten mit mir machen, was sie wollen und ich keinen Einfluss auf die Mächtigen habe? Was muss ich tun, um glücklich zu sein? Soll ich meine Talente einsetzen? Wie gehe ich mit anderen um? Was bedeutet es, Gott zu lieben?' Das alles sind Erwachsenenfragen.

Auch zeigte Jesus eingehend, dass Vertrauen in Gott nicht hilflose Naivität oder Regression in Verantwortungslosigkeit meint. Er selber stand für seine Auffassungen ein und ging einem Diskurs mit Andersdenkenden nicht aus dem Weg. Jesu Glaube an den einzigen Gott musste sich immer wieder harter Kritik stellen, wie die Gespräche mit den Schriftgelehrten zeigen. Hätte er dies nicht getan, wäre er nicht glaubwürdig gewesen. Jesus praktizierte keinen hilflosen Kinderglauben, sondern einen reifen, geprüften Glauben.

Tatsächlich muss der christliche Glaube erwachsenen Standards genügen. Es ist sogar eklatant wichtig, dass der Glaube rational durchdacht und mit reifen Vorstellungen über das eigene Leben in Übereinstimmung gebracht wird, da er sonst aus der erwachsenen Perspektive als extrem unglaubwürdig gilt.

[Missverständnis 3]

Christlicher Glaube ist nur ein Platzhalter für fehlende naturwissenschaftliche Erkenntnis

„Gott / schrumpfte immer mehr / nun sitzt er / im atom / und spuckt die kerne aus“ (Heide Pataki). Dieser Ausspruch aus den 1960er Jahren entspricht einem weit verbreiteten Missverständnis. Christlicher Glaube ist danach nichts anderes als fehlende wissenschaftliche Erkenntnis. Sobald ich weiß, dass Gewitter nicht von wütenden Göttern produziert werden, mit denen sie die Menschen für deren Gesetzesübertritte streng bestrafen, sei Glaube schlichtweg überflüssig.

Im Mittelalter des 13. und 14. Jahrhunderts schlugen sich tausende von christlichen Flagellanten während der verheerenden Pestepidemien öffentlich ihre Rücken blutig, um angebliche Sünden zu büßen und die Welt vor dem Zorn Gottes zu retten. Das öffentliche Sich-Geißeln wurde als Reinigungsritus verstanden, der die Pest verhindern sollte. Man glaubte, die Pest sei die Folge von moralischem Fehlverhalten.

Hätten die Flagellanten gewusst, dass Geißeln bei einer Seuche nicht wirkt, so hätten sie sofort dieses unverständliche Ritual beendet. Glaube büßt nach diesem Missverständnis seine Platzhalterfunktion ein, wenn weiterführende naturwissenschaftliche Erkenntnisse auftauchen. Wüsste man, dass mangelnde Hygiene ein Grund für eine tödliche Seuche ist, träfe man technische und persönliche Maßnahmen der Hygiene und benötige den Glauben nicht mehr. Weiterführende naturwissenschaftliche Erkenntnisse würden demnach die Anschlussstellen für den christlichen Glauben verkleinern. Und es stimmt: Glücklicherweise müssen Glaubensphänomene umso weniger als Erklärung von Alltagsfragen herhalten, je mehr rational nachprüfbare Erkenntnisse vorliegen.

Hinter der Aussage ‚Christlicher Glaube sei nur ein Platzhalter für fehlende wissenschaftliche Erkenntnis' steht aber der Fehlschluss, dass Glauben dasselbe sei wie vernunftbegründete Erkenntnis. Tatsächlich sind beide Formen menschlichen Nachdenkens und Agierens verschieden. Rationale nachprüfbare Erkenntnis ersetzt weder den christlichen Glauben noch beansprucht der christliche Glaube die Position dieser Erkenntnisform. Glaube und Wissen ergänzen einander auf verschiedenen Ebenen, aber sie konkurrieren nicht miteinander.

Der christliche Glaube ist zwar innerhalb der Theologie ‚durchsystematisiert' worden, er geht aber im Kern von einem Mysterium aus: Er beschäftigt sich mit dem unverfügbaren göttlichen Geheimnis und übersteigt sowohl sinnliche wie vernünftige Erkenntniswege. Er bleibt unbegreiflich und wird nur in der letztgültigen Beziehung mit Gott nach dem irdischen Tod vollständig verstanden werden (1 Kor 13,12).

Sicher werden viele einwenden, dass der Glaube an ein Geheimnis Unsinn sei, denn ein Geheimnis könne man eben nicht mit rationalen Mitteln erkennen und verstehen. Aber gilt dies nicht für viele Phänomene?

Tatsächlich sind bei den vielen erheblichen Fortschritten in den Naturwissenschaften viele Zusammenhänge und ihre Entstehung noch völlig ungeklärt und werden es auch bleiben.

Trotz der Erkenntnis, dass mit dem sogenannten ‚Big Bang' wahrscheinlich nach menschlichem Ermessen die Existenz von Materie, Raumzeit und Energie begann, kann der ‚Urknall' mit allen bis heute bekannten Theorien nicht beschrieben und verstanden werden. Aussagen über die genauen Verhältnisse ‚vor' diesem Zustand sind physikalisch sinnlos, da hierzu keine kohärenten Theorien vorliegen. Beschreibungen hierfür, die sich der bekannten physikalischen Gesetze bedienen, versagen. Aber obwohl Menschen das Universum niemals von außen ausschließlich als externe Beobachter betrachten können und auf bestimmte Fragen niemals eine Antwort erhalten werden, bleibt die Frage nach dem ‚Warum' trotzdem bestehen. Diese Frage ist der Antrieb für die weitere Suche nach Erkenntnis und wird nie beendet sein.

Generell versucht der Glaube nicht auf Fragen der Naturwissenschaften zu antworten, sondern auf Fragen nach einem ‚Warum'. Mit diesen Fragen zielt er auf den Sinn und die Bedeutung von Realitäten ab, nicht auf deren Nutzen oder ihre Funktionalität. Insofern hat der Glaube seine ganz eigene Bedeutung, unabhängig von allen anderen Wissenschaften. Wenn für viele Phänomene keine ausreichenden Antworten der Naturwissenschaften vorliegen, beweist das natürlich im

Umkehrschluss nicht, dass die Antworten des Glaubens an die Stelle wissenschaftlicher Erkenntnis treten können. Er ist kein Platzhalter für Erkenntnisse, die man mit den Prinzipien wissenschaftlicher Methodik erhalten kann.

[Missverständnis 4]

Christlicher Glaube ist unvernünftig

Der christliche Glaube hat – auf den ersten Blick – viele Elemente, die dem aufgeklärten Zeitgenossen fragwürdig, wenn nicht sogar unvernünftig erscheinen.

Der Glaube an eine kommende von Gott allein initiierte neue Welt, an einen gekreuzigten jüdischen Wanderprediger, der als Gottessohn verehrt wird, das rational nicht vollständig erfassbare Ereignis der Auferstehung, schon diese Ausschnitte aus dem christlichen Glauben machen einen phantastischen, seltsamen und irrationalen Eindruck. Die Bereitschaft der ersten Christen, für ihren Glauben ihr Leben zu lassen, anstatt sich dem römischen Kaiser zu unterwerfen, die hohe emotionale Begeisterung für einen Glauben, der zu Demut und Bescheidenheit, zum Teilen und Absehen von irdischer Macht auffordert, haben nach normalen menschlichen Maßstäben mehr unvernünftige als vernünftige Elemente. Man könnte frei formulieren: ‚Die spinnen, die Christen!'

Tatsächlich hat der christliche Glaube sowohl rationale wie irrationale Elemente. Neben den irrationalen und geheimnisbezogenen Elementen tritt der christliche Glaube als Religion auf, die auf Vernunft basiert. Schon im Petrusbrief (1 Petr 3,15) werden Christen aufgefordert, argumentativ über ihren Glauben Rechenschaft geben zu können. Glaube muss grundsätzlich rational nachvollziehbar sein. Es ist vernünftig, über ihn nachzudenken und ihn zu versprachlichen und er muss im Alltag überzeugend erlebt werden können.

Die einzelnen Teile Vernunft und Geheimnis dürfen nicht gegeneinander ausgespielt werden. Sicherlich ist das Ausbalancieren von irrationalen wie rationalen Elementen in jedem Glauben schwierig. Es besteht aber die Aufgabe, diese Balance immer wieder durch gemeinsame Gottesdienste, Gebete, theologische Diskussionen und soziales Handeln kommunikativ zu erreichen und nach außen hin verständlich zu machen.

[Missverständnis 5]

Der christliche Glaube ist für alle Zeiten von Gott in allen Einzelheiten festgelegt

Viele meinen, dass der christliche Glaube ein für allemal von Gott vorgegeben sei und läge unabänderlich für alle Zeiten fest.

Das Gegenteil ist der Fall. Wie noch weiter unten etwas näher ausgeführt ist, versteht sich der christliche Glauben als eine dynamische, sich entwickelnde Religion. Nur verläuft die Entwicklung nicht sprunghaft oder immer im Windschatten der jeweiligen Ideen der Zeit (die auch nicht die gleichen bleiben). Viele christliche Glaubensinhalte, wie z. B. die Vorstellung einer sündenlosen Empfängnis Jesu aus einer reinen Jungfrau oder das trinitarische Gottesbild, sind Ergebnisse langwieriger Veränderungs- und Diskussionsprozesse.

Die Vorstellung z. B. von der Geburt Jesu aus einer reinen und makellosen Jungfrau spielte in der Zeit der Entstehung der Evangelien keine Rolle. Erst im 2. Jahrhundert konzentrierten sich die Kirchenväter auf das Problem der jungfräulichen Empfängnis und Geburt Jesu. Hier entwickelte sich die Jahrhunderte überdauernde Vorstellung, Maria sei vor, während und nach seiner Geburt ‚Jungfrau' geblieben, im Sinne eine Frau, die keinen Geschlechtsverkehr hat. Die Jungfrauengeburt sollte das Argument unterlegen, dass Jesus von Gott selber gottgewirkt empfangen wurde. Deshalb war die Vorstellung einer Jungfrauengeburt äußerst wichtig für die junge Kirche.

Die griechisch sprechenden, ehemaligen Gläubigen anderer antiker Kulte sorgten nämlich im jungen Christentum recht bald für eine neue Ebene der religiösen Diskussion. Sie wollten den Glauben an Jesus als Sohn Gottes und Messias aus ihrer Perspektive verstehen. Sobald der christliche Glaube sich in anderen Kulturen verbreitete, musste er an die dortigen Ansichten und Weltanschauungen ‚andocken', um für die ansässige Kultur verständlich zu bleiben. In diesem griechischen

Umfeld stellten sich Fragen, die die jüdisch geprägten ersten Gemeinden kaum interessierten: Wenn Jesus Christus Gottes Sohn ist, dann muss auch seine Geburt göttlich sein und nicht menschlich verursacht.

So ist der christliche Glaube eine Mischung aus erstmaligen Vorstellungen und späteren je nach kulturellen Kontext entwickelten menschlichen Glaubensvorstellungen und aktuellen Weiterentwicklungen.

Welche Aspekte als die ‚eigentliche' Offenbarung Gottes gelten, mithin unveränderlich sind, und welche interpretationnsbedürftig sind, ist bis auf den heutigen Tag ein zentraler Gegenstand der theologischen Auseinandersetzung. Christlicher Glaube ist somit mit einem langsam sich verbreitenden Fluss zu vergleichen, der sich zwar durch verschiedene Zuflüsse und die zu durchfließenden Landschaften allmählich wandelt, aber dennoch immer derselbe Fluss bleibt.

Die These, wonach der christliche Glaube sich nicht verändere, verkennt ebenfalls, dass der individuelle Mensch als Partner Gottes ebenfalls im Heranwachsen und Reifen verschiedene Stadien der Kognition und der moralischen Entwicklung durchläuft. Das heißt, die Dynamik des Glaubens hat nicht nur eine historische Komponente, sondern auch eine persönliche. Der Glaube verändert sich mit dem Lebensalter für den einzelnen Menschen. Wenn z.B. ein Kind einmal verstanden hat, dass nicht das Christkind, sondern die Eltern die Geschenke unter den Weihnachtsbaum legen, hat die Person ihren Glauben weiter entwickelt, sie hat ihn an ihre persönliche Reifeentwicklung angepasst. Dabei treten veränderte Überzeugungen an die Stelle der alten.

Dieser Aspekt gilt auch für den christlichen Glauben. Heutige Zeitgenossen können die Diskussionen um die Jungfrauengeburt kaum nachvollziehen, weil sie ihre Fragen an den christlichen Glauben in einem völlig anderen Umfeld stellen. Solche Begriffe werden heute anders verstanden. So ist die Frage nach der ökologisch verträglichen Herstellung eines Fruchtjoghurts heute von aktueller ethischer Brisanz, ein Problem, welches wiederum für frühere Generationen völlig außerhalb jedes Denkens gestanden hätte.

Religiöse Fragen, die einmal geklärt wurden, werden nicht noch einmal auf die Agenda des Glaubens gelegt. Die heftige theologische Diskussion um das Problem der Jungfrauengeburt Jesu wurde abschließend eingehend auf den Konzilien im 4. und 5. Jhdt. geklärt. Es wird in Zukunft voraussichtlich nicht wieder grundsätzlich in derselben Weise diskutiert werden, weil das religiöse Bedürfnis hierfür nicht besteht. Man kann analog zur psychologischen Entwicklung des Menschen sagen, auch der christliche Glaube legt keinen Rückwärtsgang ein. Dass die Kirche an Glaubensaussagen sich manchmal sehr lange festhält, stört viele Menschen. Aber das ist ein Problem der Menschen, nicht des Glaubens.

Man kann sicher sein, in 200 Jahren werden manche heutige Glaubensdiskussionen überholt sein. Die Christen werden sich im 22. Jhdt. neuen und anderen

Problemen stellen müssen, die heute nicht absehbar sind. Die Frage nach der Berufung von Frauen für das Priesteramt ist dann für die katholische Kirche gelöst, wer weiß? Christlicher Glaube ist nicht statisch. Darin unterscheidet er sich von anderen Glaubensrichtungen, die eine Weiterentwicklung ihres Glaubens verneinen und ihre einzelnen Glaubensinhalte einer Diskussion weitestgehend entziehen. Auch die Vorstellung eines Gottesgens oder eines Gottesmoduls im Gehirn, wie es zur Zeit diskutiert wird, verkennt den Entwicklungsaspekt christlichen Glaubens. Gott hat weder ein bestimmtes Gottesgen eingepflanzt noch haben Gläubige eine andere Gehirnstruktur als Nichtgläubige. Christlicher Glaube ist ein Weg zu Gott, keine Immobilie.

[Missverständnis 6]

Christ ist nur, wer das christliche Bekenntnis zweifelsfrei und vollständig akzeptiert

Abgesehen davon, dass selbst der erfahrenste Theologie unmöglich alle Inhalte des Christentums kennen und sich mit allen im Einzelnen auseinandergesetzt haben kann, hat diese Aussage einen Haken.

Der christliche Glaube hat im Laufe seiner Geschichte immer unterschiedliche Schwerpunkte gelegt. So beschäftigte die frühen Gemeinden kurz nach Jesu Tod die Frage, ob sie nur jüdische Gläubige aufnehmen dürfen oder ob auch sogenannte ‚Heiden‘, Anhänger der antiken Kulte, für den neuen Glauben gewonnen werden sollen.

Ausgerechnet dem strengen jüdischen Schriftgelehrten Paulus aus Tarsus verdankt der christliche Glaube seine universelle Weite. Er favorisierte eindeutig einen Glauben an Jesus Christus, der alle Menschen meint und nicht nur ein auserwähltes Volk. Manche Christen, die aus einem streng jüdischen Umfeld kamen, hatten damit Probleme. Sie waren davon ausgegangen, dass Jesus nur Juden für seine Gottes Botschaft gewinnen wollte. Wieso sollten jetzt andere Menschen fremder Nationen und Herkunft auch im christlichen Glauben aufgenommen werden? Stimmte die Idee vom auserwählten Volk, dem allein Gottes Reich zugesagt war, etwa nicht mehr? Spätestens hier, als christliche Missionare Griechen und Römer ansprachen, war der christliche Glaube keine Exklusivreligion für ein auserwähltes Volk. Ergo: der christliche Glaube musste sich verändern. Liebgewonnene Überzeugungen mussten los gelassen werden. Für das Christentum war dies ein Glücksfall, es konnte expandieren.

Was lässt sich daraus schließen? Der christliche Glaube ist in der Lage, bestimmte Glaubensinhalte zu gewichten und sich von überflüssigen und unwirksamen Bestandteilen zu verabschieden, wenn es erforderlich ist. Damit ergibt sich für seine Gläubigen die Möglichkeit, die jeweiligen Glaubensbestandteile immer wieder auf ihre jeweilige Relevanz hin zu überprüfen. Sicherlich gibt es Kernelemente des christlichen

Glaubens (wie z.B. der Glaube an die Auferstehung Jesu), deren Ablehnung nicht mehr als christlich einzuschätzen ist. Die Aufgabe der Nächstenliebe oder die Abwendung vom Glauben an Jesus Christus als Sohn Gottes berühren seine Basis. Ohne ihre Akzeptanz verliert der christliche Glaube sein Fundament.

Es ist aber nicht erforderlich, alle Glaubensinhalte des christlichen Glaubens gleichermaßen persönlich anzunehmen. Auch hier sind die freie Entscheidung und die Urteilsfähigkeit des erwachsenen Christen gefordert, diejenigen Überzeugungen zu vertreten, die für ihn am meisten dem eigenen Gewissen entsprechen. Die Gewissensfreiheit ist ein wesentlicher Wert des christlichen Glaubens. Alles andere würde auch bedeuten, der Glaube sei nur etwas für diejenigen, die alle Gebote brav befolgen. Das würde aber der Grundausrichtung des Neuen Testaments widersprechen, wonach nicht die Regelkonformität entscheidend ist, sondern die verantwortungsvolle Anwendung von Handlungsprinzipien (wie z.B. in der goldenen Regel: Handle so, wie du willst, dass auch du behandelt werden möchtest – Mt 7,12).

Christ kann derjenige sein, welcher selber seinen Glauben kritisch prüft und zu anderen Aussagen kommt als die Mehrheit der Gläubigen. Auch Theologe muss man nicht sein. Theologen – geweiht oder nicht geweiht – haben bei Gott keinen Bonus als Christen 1. Klasse.

[Missverständnis 7]

Der christliche Glaube ist gewalttätig

Die bekannten Katastrophen des Christentums, Verfolgung und Tötung von Nichtchristen, Foltern von ‚Hexen', das tödliche und gewaltsame Wirken der Inquisition, Zwangsbekehrungen indigener Völker etc., lassen den Schluss zu, dass der christliche Glaube im Kern zur Gewalt neigt. Kritiker des Christentums werfen zu Recht ein, dass der christliche Glaube Gewaltmaßnahmen an Nichtchristen oder Andersglaubenden selber durchgeführt, unterstützt und gefördert hat oder zumindest nicht aktiv dagegen eingetreten ist.

Die Zielrichtung des christlichen Glaubens ist aber nicht der Kampf und die Vernichtung Andersdenkender, sondern die Liebe. An keiner Stelle wird im Evangelium deutlich, dass Jesus ausdrücklich zum gewalttätigen Kampf gegen Personen aufruft, um seine Vorstellung vom nahenden Gottesreich mit der Waffe in der Hand durchzusetzen. Der Buß- und Drohpredigt des Johannes des Täufers folgt er nicht (Mk 1,14f.). „Steck dein Schwert in die Scheide; denn alle, die zum Schwert greifen, werden durch das Schwert umkommen" (Mt 26,52) spricht er zum Jünger, der seine Gefangennahme mit Gewalt verhindern will.

Legendär ist sein Aufruf zur Feindesliebe:

„Ihr habt gehört, dass gesagt worden ist: Du sollst deinen Nächsten lieben und deinen Feind hassen. Ich aber sage euch: Liebt eure Feinde und betet für die, die euch verfolgen, damit ihr Söhne eures Vaters im Himmel werdet; denn er lässt seine Sonne aufgehen über Bösen und Guten, und er lässt regnen über Gerechte und Ungerechte. Wenn ihr nämlich nur die liebt, die euch lieben, welchen Lohn könnt ihr dafür erwarten? Tun das nicht auch die Zöllner? Und wenn ihr nur eure Brüder grüßt, was tut ihr damit Besonderes? Tun das nicht auch die Heiden? Ihr sollt also vollkommen sein, wie es auch euer himmlischer Vater ist." (Mt 5,43–48)

Die Bergpredigt bzw. Feldrede Jesu mit ihren Seligpreisungen markiert die Kennzeichen des christlichen Glaubens und das Grundgesetz der Jüngergemeinde (Vgl. Mt 5–7ff.; Lk 6,20–49). Jesus geht hier weit über die selbstverständliche Forderung nach vernünftiger Gegenseitigkeit hinaus, die das Judentum damals favorisierte. Die zentrale Botschaft des christlichen Glaubens ist und bleibt die Gottes-, Nächsten- und Selbstliebe, wie sie schon Israel kannte. Diese Konzentration auf die Liebe ist der Inbegriff des Christseins.

Dass Gewalt trotzdem die Geschichte des Christentums hoch beeinflusst hat, liegt nicht in ihrem grundlegend gewalttätigen Erbe begründet. Dahinter steht einerseits die theologisch kaum haltbare Vorstellung, dass außerhalb des christlichen Glaubens und seiner Institutionen kein Heil möglich sei. Die Kirche fühlte sich recht schnell berufen, diesen Anspruch rigoros in die Tat umzusetzen, mit dem Ziel, möglichst außerhalb der Kirche erst keine andere Religion groß werden zu lassen – ein unsinniges Unterfangen.

Auf der anderen Seite fördert vor allem ein Streben nach Exklusivität und Vollkommenheit religiöse Gewalt. Meistens meinen die rigidesten Vertreter einer Religion, dass man Perfektion nur in der eigenen Glaubensgemeinschaft findet. Menschlicher Glaube kann dazu führen, dass man sich selber höher bewertet als andere und sogar fremde Religionen eliminieren will, weil sie den eigenen Ansprüchen scheinbar nicht genügen. Christlicher Glaube ist ein scharfes Instrument, wenn er die Legitimität von Gewalt gegen Andersgläubige durch Verweis auf die eigene Vorstellung von Transzendenz besonders unterstreicht. Gewalt im christlichen Glauben ist letztlich eine Folge hoher Selbstbezogenheit und unrealistischer Allmachtphantasien. Leider waren die Kirchen vor diesem Fehler nicht gefeit.

Allerdings ist nicht der Glaube gewalttätig, sondern der Mensch, der ihn als Messer gegen andere Meinungen benutzt – angeblich mit seinem Gott als Gewährsmann. Nicht das Messer ist schuld, wenn man damit jemand erstochen wird, sondern derjenige, der das Messer benutzt. Glaube kann heilsam und verheerend wirken. So verfolgen fundamentalistische Gruppen im Christentum, Islam, Hinduismus auch im 21. Jahrhundert Andersgläubige mit dem seltsamen Verweis ‚Ich tu es Gott zuliebe!' – ‚Gott will es!'

Gewalt zur Durchsetzung des christlichen Glaubens wurde von mittelalterlichen Theologen leider gegensätzlich beurteilt. So lehnte der berühmte Kirchenlehrer Thomas von Aquin († 1274) Zwangsbekehrungen von

Andersgläubigen ab. Johannes Duns Scotus († 1308) hielt dagegen die Nötigung von Heiden durch Drohungen und Terror zur Zwangstaufe für erforderlich.

Erst das II. Vatikanische Konzil erklärte eindeutig, dass jede Person das Recht auf religiöse Freiheit hat. Weil Menschen mit Vernunft und freien Willen ausgestattet sind, haben sie das Recht und die Pflicht, ihre persönliche Wahrheit zu suchen und danach zu leben. Sie müssen frei sein von jedem Zwang und jeglicher menschlichen Gewalt, so dass in religiösen Dingen niemand gezwungen wird, gegen sein Gewissen zu handeln. (…) Der christliche Glaube geht davon aus, dass jede Religion nur Bestand hat, wenn die Menschen innerlich wie äußerlich frei sind (Vgl. II. Vatikanum: Erklärung über die Religionsfreiheit ‚Dignitatis humanae' DH 2, 1965).

[Missverständnis 8]

Besser ist eine Welt ohne christlichen Glauben

Den Religionen und hier speziell dem christlichen Glauben wird vorgeworfen, dass sie ihre Verantwortung für ein gewaltloses Miteinander innerhalb ihrer Glaubensgemeinschaft wie untereinander nicht nachkommen und immer wieder zur gewaltsamen Bekämpfung anderer Meinungen aufrufen.

Eine Welt ohne religiösen Glauben führe zu gewaltloseren und menschlicheren Zuständen. Sie verringere die Chancen auf Abtreibungsgegner, die mit Waffen für das ungeborene Leben kämpfen, Priester, die Jungen und Mädchen sexuell missbrauchen und Fundamentalisten, die sich selber für die Auserwählten Gottes halten. Auch andere extreme Formen von Religion legen den Schluss nahe, besser eine Welt ohne Glauben, dann gäbe es eine Welt ohne religiös begründeten Missbrauch.

Verheerende Erfahrungen mit Religionskriegen und religiösem Terrorismus scheinen diese These, ohne Glauben wäre eine bessere, humanere Welt möglich, zu stützen. Auf christlicher Seite ist auch die Kirchengeschichte gefüllt mit missbräuchlichem Vorgehen mit dem Kreuz in der Hand. Verfolgungen von Häresien, Zwangstaufen im Mittelalter, Kreuzzüge, Hexenverbrennungen, Glaubenskriege, Bücherverbote des Heiligen Offiziums wurden mit Normen legitimiert und ‚heilig' gesprochen, die scheinbar dem christlichen Glauben entstammen sollten.

Abgesehen davon, dass menschliche Verirrungen in keiner Religion völlig ausgemerzt werden können, so geht dieses Missverständnis davon aus, dass christlicher Glaube immer zu den gleichen Missständen führen muss. Tatsächlich heißt erwachsener Glauben nicht, dass man Kernüberzeugungen verletzen soll. Es muss Grundregeln geben, die unveräußerlich bleiben. Selbst wenn man bei Rot über die Straße läuft, um einen Verletzten zu versorgen, bleibt die Regel ‚bei Rot nicht über die Straße!' bestehen.

Im Glauben muss man aber abwägen, wann die

Geltung einer Regel Bestand hat, ob sie mit anderen Regeln kollidiert und inwiefern sie dann konkret anders ausgelegt werden muss. Das jesuanische Gebot ‚Wer seine Frau aus der Ehe entlässt und eine andere heiratet, begeht ihr gegenüber Ehebruch. Auch eine Frau begeht Ehebruch, wenn sie ihren Mann aus der Ehe entlässt und einen anderen heiratet' bestreitet nicht, dass es Ehebruch geben kann und dass dieser ethisch nicht akzeptabel ist (Mk 10,11). Jesus wendet sich aber gegen die primitive Auslegung des Gesetzes, der jüdischen Männern erlaubte, ihre Frau schon wegen eines angebrannten Mittagessens zu verlassen, und verhindert daher die Steinigung einer Ehebrecherin (Joh 8,1–11).

Hier zeigt sich, dass christlicher Glaube zu einem differenzierten Umgang mit Normen aufruft. Er verlangt nach erwachsenem Abwägen zwischen ethischem Kernprinzip und Realität. Nicht umsonst haben deshalb die evangelischen und orthodoxen Kirchen Trennung und Scheidung und erneute Heirat für Christen zugelassen, wenn ein Bleiben in der bisherigen Ehe für die Betroffenen unüberwindliches Leid und Schmerz bedeutet. Barmherzigkeit in der Auslegung jeder religiösen Regel ist ein Grundgesetz des christlichen Glaubens, auch wenn dies im Sinne eines Festhaltens an ethischer Reinheit und Gesetzestreue (s. o.) immer wieder durchbrochen wurde.

Für ein ‚Leben ohne Glauben' gibt es zwei herausragende Negativbeispiele in der jüngeren Geschichte:

Karl Marx griff Religion als betäubendes ‚Opium des Volkes' an, Stalin verbannte die Religionsausübung, angeblich um die Menschen aus ihrer Bemächtigung durch die Religion zu befreien. Adolf Hitler spielte Gott mit fürchterlichen Folgen. Jede Religion wurde als menschenschädliche Verirrung bekämpft und die eigene Lehre als einziger Weg zum Glück der Menschheit verstanden und entsprechend gewalttätig verbreitet. Menschen wurden gnadenlos umgebracht, wenn sie diesen Weg nicht beschreiten wollten. Diese Regimes waren und sind schreckliche Beispiele für eine Gesinnung, die Glauben radikal ausmerzen wollte und sich selber an die Stelle der Religion setzt. Solche religionslosen Gesellschaften, deren Denken und Agieren jeder menschlichen Ethik spotten und die jeglichen Machtanspruch mit ihrer eigenen Ideologie konkurrenzlos und brutal durchsetzten, machen Angst vor einer religionslosen Welt.

Heute – besonders angesichts der aktuellen Finanzkrise – wird Geld durch eine rapide um sich greifende Ökonomisierung aller Lebensbereiche quasi zum Gott erhoben. Damit wird Geld nicht zum Potential einer vernünftigen Haushaltsführung, sondern zum Suchtmittel, dessen möglichst hoher Erwerb alle ethischen Fragen nach Gerechtigkeit hinten an stellt. Religionslose Gesellschaft bedeutet, dass Fragen der moralischen Verantwortung der Ökonomie nicht mehr gestellt werden. Menschen werden zu Räubern um des Geldes willen.

Glaube kann dagegen deutlich machen, dass es außerhalb der materiellen Welt und ihren Gesetzen einen anderen ‚Raum' gibt, der von irdischen Regeln nicht erreicht wird. Das Kennzeichen der Religion ist der Verweis auf die Transzendenz, eine Realität, die autonom und unverfügbar bleibt und niemals von Menschen erobert werden kann.

Allerdings besteht immer die Gefahr, dass der Glaube der Welt und ihren Regeln zu nah kommt oder im Gegensatz zu fern steht. Beides muss in einer Balance zueinander stehen: Christlicher Glaube ohne Weltbezug ist abgehoben und ohne Verbindung zum Leben und bleibt daher für Menschen unglaubwürdig. Glaube, der nur auf menschlichen Ideen gründet, verneint die Transzendenz, das, was den Menschen und sein Leben übersteigt. Wenn Menschen sich nur auf ihre eigenen Kräfte und Potentiale verlassen und sich selber als perfekt verstehen, kann eine gravierende ‚Menschenblindheit' entstehen. Die menschlichen Schwächen und Bösartigkeiten werden dann nicht kritisiert, weil keine externe Instanz vorhanden ist, die diese von außen anfragt. Glaube muss somit sein Gleichgewicht immer zwischen Hinwendung zur Transzendenz und zum Menschen finden.

[Missverständnis 9]

Der christliche Gott interessiert sich nicht für das Leid

Die Fragen nach der Theodizee oder der Rechtfertigung Gottes angesichts des Leidens unschuldiger Menschen sind von ungebremster Aktualität. Wie kann Gott Kriege und Terror erlauben? Wie kann er zulassen, dass ein kleines Kind stirbt?

Das Erdbeben von Lissabon am 1. November 1755 mit Tausenden von Toten und Verletzten erschütterte nicht nur ganz Europa, sondern gilt als Ereignis, welches die Fragen der Theodizee nachhaltig herausforderte. Wie lässt sich der Glaube an einen allmächtigen und gütigen Gott und ein so gewaltiges Unglück wie das Erdbeben von Lissabon vereinbaren? Warum hatte das Beben ausgerechnet ein streng katholisches Land und seine Hauptstadt verwüstet? Warum fand es an einem hohen kirchlichen Feiertag statt – Allerheiligen? Das Rotlichtviertel von Lissabon überstand die Katastrophe, die meisten Kirchen nicht. Warum?

Die Vorstellung Leibniz‘ († 1716), dass Gott, weil er selber vollkommen sei, mit dieser Welt die beste aller möglichen Welten erschaffen habe, wurde durch diese Katastrophe nachhaltig erschüttert. Im 20. Jahrhundert bedeutete der Holocaust an den Juden durch die nationalsozialistische Gräuelherrschaft das Ende der Vorstellung einer sinnvollen Rechtfertigung Gottes. Offensichtlich sei Gott nicht imstande, so dachten viele, menschlich verursachte Katastrophen zu verhindern.

Der christliche Glaube muss sich mit den menschlichen Erfahrungen von Schmerz und Leid auseinandersetzen. Die Theodizeefrage ruft nach einer sinnvollen Erklärung sowohl für menschlich verursachtes Leid wie in der verschärften Form nach einer nachvollziehbaren Erklärung für Tod und Leiden unzähliger Unschuldiger durch Naturkatastrophen, Unfälle oder bloße Zufälle. Die Frage nach der Theodizee ist deshalb unablässig eine Frage an die Glaubwürdigkeit Gottes.

Der Holocaust an den Juden hat z. B. die zentrale Frage nach dem Ursprung des Bösen in radikaler Form gestellt. Wie kann Gott den millionenfachen Tod von Menschen durch ein bestialisches System und ihre Träger in den KZs zulassen? Hätte er nicht einschreiten sollen? Für viele wurde Gott nach Auschwitz völlig infrage gestellt, bis hin zur Aussage ‚Gott ist tot'. In der christlichen Theologie wird der Holocaust häufig als existentielle Folge der von Gott geschenkten Freiheit an den Menschen verstanden. Auch die Täter, die sich an den Opfern der KZs in sadistischer Weise vergingen, sind von Gott mit Freiheit ausgestattet worden. Hätte Gott demnach auf die Freiheitsentscheidungen der Holocausttäter eingewirkt und sie zum Guten direkt beeinflusst, wären diese nicht mehr umfassend frei gewesen. Gott lässt demnach auch die unbeabsichtigten Wirkungen der Freiheit bei Menschen zu, die diese grausam und sadistisch missbrauchen.

Die Frage ‚Wieso sterben unschuldige Menschen an Naturkatastrophen, Unfällen oder Zufällen?' (z. B. Tsunamikatastrophe 2004) beleuchtet eine zweite Frage der Theodizee: Wo bleibt Gottes Verantwortung für die Welt? Wieso schickt er Menschen in eine Welt, die so zerstörerisch und gefährlich ist? Hierauf kann letztlich auch für Christen nur geantwortet werden: Menschliches Leben ist immer gefährdet. Ein unendlich sicheres Leben existiert nicht. Letztlich muss jeder Mensch davon ausgehen, dass jeder Tag der letzte sein kann. Es bleibt kein anderer Sinn des Lebens als mit der Welt zu leben, wie sie gegeben ist. Es existiert ein Sinn, was genau dieser Sinn sein kann, erschließt sich häufig erst in der Krise. Christen gehen aber im Vertrauen auf den barmherzigen Gott davon aus, dass jedes Leiden einen Sinn hat, auch wenn dieser dem Einzelnen zuerst verschlossen bleibt.

Leiden ist aber nach christlicher Auffassung niemals die direkte Folge von Sünde. So trifft Jesus im Lukasevangelium auf einen Mann, der blind geboren wurde. Weil die Jünger den Ursprung der Blindheit in der Sünde zu identifizieren versuchen und Jesus dazu intensiv befragen, antwortet Jesus dezidiert: „Weder er noch seine Eltern haben gesündigt, sondern das Wirken Gottes soll an ihm offenbar werden." (Joh. 9,4)

Das Theodizee-Problem bleibt für Christen ein schwieriges Problem. Wenn überhaupt, wird nur ein Teilsinn des Leidens erkannt. Wie das Beispiel des Judentums zeigt, sind Protest und Klage, ja vorwurfsvolle Anklage gegen Gott angesichts des Leidens berechtigt. Der christliche Erlösungsglaube meint nicht, dass das Leiden, wenn man glaubt, vollständig aufgehoben sei. Auch gläubige Menschen leiden, wie z. B. in der Geschichte des leidenden Frommen Hiob im Ersten oder Alten Testament eindrucksvoll dargestellt wird.

Im christlichen Glauben wird Gott in Jesus Christus selber zum solidarisch Mitleidenden, der aktiv Anteil am Leid der Welt nimmt. Der christliche Glaube fordert zur Leidensbekämpfung auf, weil Gott im Tod Jesu Christi selber am Leid der Menschen Anteil hat. Deshalb hat das Leid im christlichen Glauben nicht das letzte Wort. Der Glaube kann durch Krankheiten, Entbehrungen, Verlust und Tod hindurch führen, er führt aber nicht daran vorbei.

Der Mensch ist aus krummem Holz geschnitzt (Immanuel Kant † 1804). Daraus kann man kaum einen geraden Stock schnitzen. Der Mensch ist frei, macht Fehler und kann sich für das Negative entscheiden. Dazu gehören auch Ideologien, die das Paradies auf Erden verwirklichen wollen. Manche Menschen versuchen aus krummem Holz einen geraden Stab zu fertigen. Dabei wird immer Zwang ausgeübt und viele Späne beim Hobeln hinterlassen, das Leid vergrößert sich.

Die Theodizeeproblematik fragt weiter nach der Verantwortung Gottes für das Böse in der Welt. Wenn der Mensch frei ist, sich fehlerhaft für das Negative entscheiden zu können, ist Gott, der diesen Menschen ins Leben gerufen hat, damit für das Böse verantwortlich?

Schon immer wurde die Frage gestellt, ob Gott selber böse, dunkle Seiten habe. Die Erzählungen von der Sintflut, der von Gott protegierte Tod der Feinde Israels usw. lassen diese Frage schon im Alten Testament drängend aufscheinen. Gott wurde zur Projektionsfläche für menschliche Rachegefühle und Aggressionen. Im christlichen Glauben ist auch das Gottesbild nicht völlig frei von menschlichen Übertragungen. Wieso lässt er Jesus als seinen Sohn am Kreuz brutal sterben?

Der christliche Glaube hat aber den Kreuzestod aus der Perspektive verstanden, dass Gott in seinem Sohn selber stirbt. In diesem Abstieg in die menschliche Wirklichkeit durchbricht er die Grenzen des Menschen und überwindet das Böse. So soll der Mensch das Bösen verweigern und das Gute verwirklichen: „Lass dich nicht vom Bösen besiegen, sondern besiege das Böse durch das Gute!“ (Röm 12,21).

[Missverständnis 10]

Der christliche Glaube ist sündenfixiert

Die Rede von der Sünde gilt nach diesem Missverständnis als charakteristisch für den christlichen Glauben. Insbesondere habe die Sündenvorstellung vielen Menschen viel Leid gebracht. Die rigorose Moralerziehung mit Rückgriff auf den christlichen Glauben habe tausendfach Glaubensneurosen, Beziehungsproblemen und Depressionen hervorgebracht und sei Ursache für eine wachsende Abkehr vom christlichen Glauben.

Tatsächlich führt die Übernahme der philosophischen Perfektionslehre im Neuplatonismus in den ersten Jahrhunderten im Christentum zu einer gravierenden Körperfeindlichkeit, die sich gegenüber der jüdischen Bejahung der Ganzheit des Menschen durchsetzte.

Da die Gottesherrschaft nach Jesu Tod und Auferstehung nicht eintraf, die neue Erde und der neue Himmel ausblieben (Off 21), die weltlichen und menschlichen Strukturen sich auch nach Jahrzehnten nicht grundlegend änderten, mussten sich die christlichen Theologen in der frühen Kirche mit den faktisch vorhandenen Missständen in den Gemeinden entschiedener auseinandersetzen. Mord und Totschlag, Diebstahl und Körperverletzung, Misshandlungen, Götzendienst und alle Formen von ‚Unzucht', vor allem Ehebruch, traten in den Gemeinden der Heiligen Gottes trotz der großen Hoffnung auf Gottes Ankunft weiter auf. Die menschliche Realität blieb bestehen. Deshalb formulierte das Neue Testament viele ethische Regeln des menschlichen Zusammenlebens besonders ausführlich – um den sozialen Frieden in den Gemeinden zu stabilisieren.

Jesus selber hat anstelle eines göttlichen Endgerichts die Barmherzigkeit seines Gottes ohne Vorbedingung verkündet (Mk 2,17). Der Sünder muss sein böses Tun gegenüber anderen verstehen und sich von diesem deutlich distanzieren, weil es ihn von Gott wegführt. Umkehr und Bekenntnis zu Gott sind die entscheidenden Schritte, den Neuanfang zu einem mit Gott verbundenen Leben zu beginnen. Sehr schön zeigt sich dies im Gleichnis vom barmherzigen Vater (Lk 15,11–32).

Jesus kannte tatsächlich nur eine unvergebbare Sünde (Mk 3,29; Hebr 6,4 ff.; 10,26–29; 12,16 f.): Die Sünde wider den Geist Gottes (Mt 12,31), die bewusste Ablehnung der Frohen Botschaft (Joh 8 und 9).

Im Kern ist die Sünde die Tat, die durch bleibende Ichbezogenheit und mangelnden Beziehungsrespekt gegenüber Gott und den Menschen entsteht. Der Weg aus der Sünde ist das Bekenntnis und die Bitte um Vergebung, die Gott einem Menschen, der einen Neuanfang wagen will, immer erweist.

Angesichts der ausbleibenden Gottesherrschaft traten aber im frühen Christentum andere, rigidere Kräfte auf den Plan. Ihnen war Jesu Botschaft vom vergebungsbereiten Gott zu lasch. Sie sahen im christlichen Glauben eine phantastische Möglichkeit, ihn als Weg zur persönlichen ethisch-moralischen Vollkommenheit zu benutzen und sich selber als exklusive Auserwählte darzustellen. Diese Form der psychologischen Abspaltung der eigenen unlauteren und aggressiven Regungen taucht leider in allen Religionen auf, ist aber im christlichen Glauben durchsystematisiert und großflächig institutionell missbraucht worden, zumal ihm im Neuplatonismus das philosophische Arsenal an Thesen zur Verfügung standen. So trennten bestimmte christliche

Ideologien zwischen dem sündigen Kosmos, zu dem der Körper und seine Triebe gehörten, und der reinen Seele, die aus dem Kerker des Leibes flieht, um zu Gott zu gelangen. Sexualität und Lebensgenuss wurden abgewertet. Schon Paulus kann man leibfeindliche Tendenzen nicht absprechen (Röm 6 f.; 2 Kor 4f.). Allerdings wurde später kirchlicherseits versucht, diesen Missbrauch des Sündendenkens einzugrenzen, indem man Strafen für Normübertretungen in rechtliche Verordnungen goss und regulieren wollte.

Groteskerweise wurden jahrhundertelang deshalb im christlichen Glauben dieselben Fragen gestellt: ‚Bin ich schuldig oder unschuldig, ist der Andere schuldig oder unschuldig?' Damit verankerte sich die Schuldfrage im Denken und Fühlen der Gläubigen. Die Frohe Botschaft wich einer Drohbotschaft.

Mit dem wachsenden Bewusstsein für die Autonomie des Menschen vor Gott wurde zu Recht eine Abhängigkeit von menschlichen Institutionen, die die Definitionshoheit und Sanktionshoheit über ethisches Fehlverhalten im Sinne von Sünde beanspruchten, abgelehnt. Die breite Erfahrung der Fremdbestimmung durch religiöse Institutionen führte mit der Epoche der Aufklärung im 17. und 18. Jahrhundert zum entschiedenen Wunsch nach Selbstbestimmung. Das Individuum will sich mit seinem Gott selber auseinandersetzen und für sein Handeln selber die Konsequenzen tragen und benötigt nicht mehr die Institution der Kirchen, um zu glauben. Damit kehrte der christliche

Glaube wieder zur Vorstellung Jesu zurück, der das Heil der Menschen und nicht die Sünde in den Mittelpunkt seiner Botschaft von Gott stellte. Für ihn war die Frage nach der Sünde selber eher uninteressant. Ihn interessierte nur die Frage, ob sich der Mensch als Einzelner glaubwürdig zu Gott bekennt und zu seinem Angebot seiner Nähe ‚ja' sagt.

Allerdings stellt sich heute die Frage, ob der christliche Glaube seine Vorstellung von Sünde und Vergebung nicht noch viel stärker klären und verdeutlichen muss, um einen konstruktiven Beitrag zum Umgang mit bewussten Verletzungen der Menschenwürde zu leisten.

[Christlicher Glaube]

Christlicher Glaube schöpft aus der Suche nach einer stabilen Beziehung mit einer transzendenten Wirklichkeit, die Menschen Gott nennen. Damit unterscheidet er sich von einem alleinigen Fürwahrhalten von Inhalten und bleibt in erster Linie ein Beziehungsprozess zwischen Gott und Mensch. Deshalb kommt ein definiertes Gottesbild weder im Alten noch im Neuen Testament vor.

Stattdessen stellt die Bibel insgesamt grundlegende Erfahrungen der Menschen mit ihrem Gott bzw. Gottes mit ‚seinen' Menschen dar. Im jüdischen Teil der Bibel dreht sich fast alles um Erzählungen der Begegnungen zwischen beiden Partnern, eine Beziehungsgeschichte voller Höhen und Tiefen. Gott ist der Teil dieser Partnerschaft, der seinen Menschen Schutz, Führung, Nachkommen und Landbesitz verheißt und sie unterstützt, diese Ziele tatsächlich zu erreichen. Der Glaube Israels beruht auf der Zusage des Bundes zwischen Gott und Volk. Die zehn Gebote sind die Bundesgrundlage für das Volk Israel. Umgekehrt will sich Gott ebenfalls an die Bindung an sein Volk halten und es begleiten. Glaube an den einen Gott ist eine feste Lebensgemeinschaft.

Der christliche Glaube übernimmt die Vorstellung vom einmaligen Bund Gottes mit den Menschen, weil Jesus selber als gläubiger Jude den Bundesgedanken mit Gott lebte. Deshalb werden der Kanon (Zusammenstellung der heiligen Schriften) aus Evangelien und apostolischen Briefen Neues oder Zweites Testament genannt. Testament ist wiederum der lateinische Ausdruck für das griechische Wort für Bund oder Vertrag. Es ist die Fortführung und Weiterentwicklung des Alten Bundes (Altes Testament), besser als Erster Bund zu verstehen. Das Christentum geht also aus dem Judentum hervor, steht auf seinen Schultern. Dieser zweite Bund ist sozusagen das neue Kapitel einer alten Liebesgeschichte. Die Kirche übernimmt den Gedanken Israels, das auserwählte Volk Gottes zu sein. Alle Menschen sind in das Volk Gottes eingeladen. Christliche Kirche und Volk Gottes meinen dasselbe. (Dieses Thema kann hier leider nicht weiter erörtert werden und gehört in ein eigenes Buch).

Der Mensch ist im christlichen Glauben nicht der Nebendarsteller, sondern der Partner Gottes. So übernimmt das Christentum von seinen jüdischen Wurzeln die Aussage, dass der Mensch Gottes Ebenbild ist. Er ist das Subjekt, dem Gott zutraut, Welt und Schöpfung gut zu gestalten. Der Mensch ist ein freies Lebewesen, unter Umständen auch im Konflikt mit Gott. Menschen können und sollen mit Gott in einen ständigen Dialog treten. Sie sind nicht Gottes Spielzeug. Menschen sind in der Lage, Gott nah und persönlich zu lieben, so wie zwei Menschen sich in einer Paarbeziehung lieben können. Der Mensch auf Augenhöhe mit Gott erkennt Gott nicht wie ein Philosoph, der sich ausschließlich auf logische Weise Beweisgründe für Gottes Existenz sucht, sondern hat Gott in seinem Leben erfahren, in Gefühlen der Nähe, der Zuneigung und Hoffnung, aber auch in krisenhaften Erfahrungen.

Das Gelingen oder Misslingen dieser Beziehung hängen sowohl von der Glaubwürdigkeit des transzendenten Gottes ab, wie von der menschlichen Bereitschaft, diesem ‚Anderen' zu vertrauen. ‚Blinder Glaube' ist kein Glaube, sondern ein Aufgeben der eigenen Anstrengung, sich mit seinem Leben konstruktiv auseinanderzusetzen. Glaube hat deshalb nicht nur mit Ängsten vor Schicksal und Tod, Schuld und Verdammung oder vor Leere und Sinnlosigkeit zu tun, sondern mit der Bereitschaft, eigene und fremde menschliche Erfahrungen zu verstehen und in einen größeren Zusammenhang zu stellen.

Die persönlichen wie globalen Katastrophen stellen Menschen vor die Frage, welchen Sinn diese verheerenden Erfahrungen haben sollen. Menschliches Glauben kann sich nicht mit einfachen Antworten begnügen. Genauso kann Glück in jeder Weise die Frage nach dem Sinn stimulieren. Menschliche Erfahrungen werden verkürzt, wenn nicht auch die Frage nach einer Instanz gestellt wird, die in diesen glücklichen, beseligenden und ‚vollkommenen' Situationen aufscheint.

Krisen und Konflikte werden aber für Glaubende in

einem Kontext des Vertrauens und der Beziehung zu einem persönlichen Gott gestellt. Weil Gott sich mit seinen Aussagen als glaubwürdig gezeigt hat, wird er in kommenden Krisen wie Höhepunkten sicher ansprechbar und fürsorglich anwesend sein. Glaubende deuten ihre Erfahrungen von ihrer Beziehung zu Gott aus und können sie mit Sinn aufladen.

Wer bekennt ‚ich glaube an Gott, den Vater, den Allmächtigen, den Schöpfer von Himmel und Erde' stimmt in erster Linie weder der Kirche zu noch einem bestimmten Wissensinhalt, sondern sagt zu Gott: ‚ich binde mich freiwillig an Dich, weil Du für mich glaubwürdig bist'.

Die biblischen Erzählungen sind ein Paradebeispiel für solche Begegnungen zwischen Mensch und Gott. Sie begründen eine neue Beziehung auf der Basis von Glaubwürdigkeit, die nun das Leben der Glaubenden bestimmt. Wer Gott vertraut, kann sich sein Leben ohne ihn nicht mehr vorstellen. Gott wird zum tragfähigen Hintergrund des eigenen Lebens und in dieser Beziehung ist alles aufgehoben, was das eigene Leben prägt, die geliebten Menschen, die Familie, die Arbeit und die Freizeit, die persönlichen Neigungen und Fähigkeiten, die Schwächen und Fehler, die Liebe und der Tod. So begleitet die Hoffnung auf ein Ende seiner Kinderlosigkeit den Patriarchen Abraham ein Leben lang, um am Ende den eigenen Sohn in den Armen zu halten (Gen 12ff.). So setzt Paulus alles auf eine Karte und wandelt sich vom Christenverfolger zu einem glühenden Missionar, der von der Idee der Verbreitung des Evangeliums angetrieben wird. So hält Martin Luther King (ermordet 1968) seinen gewaltfreien Kampf gegen die Rassentrennung in den USA aufrecht, ohne sich von Morddrohungen abbringen zu lassen.

Im Deutschen ist ‚Glaube' eng verwandt mit ‚geloben', ‚verloben', ‚vertrauen' und ‚lieb halten'. Im Hebräischen bedeutet das entsprechende Wort ‚festen Stand gewinnen in' oder ‚sich festmachen in'. Im Griechischen ist ‚Glaube' gleich bedeutend mit ‚Treue, Vertrauen' und im Lateinischen ist das Verb ‚credo' (lat. cor dare') die Übersetzung von ‚sein Herz schenken'. Wer glaubt, verlässt sich auf jemanden, verbindet seine Existenz an diesen oder ist einfach diesem anderen treu. „Ich traue dir, ich vertraue dir, ich kann auf dich bauen. Ich habe eine Gewissheit, die weniger aus Berechnungen und Experimenten kommt." (Benedikt XVI.)

Glaube hat mit Hinwendung und Zuwendung zweier an sich ungleicher Partner Mensch und Gott zu tun, die auf Augenhöhe miteinander kommunizieren und eine verbindliche Beziehung leben können. Das schließt nicht aus, dass es in dieser Beziehung auch krachen kann. Besonders im jüdischen Glauben sind z. B. die Liebesgeschichten zwischen dem Volk Israel und Gott alles andere als dauerhaft harmonisch.

Ein weiterer Aspekt kennzeichnet den Glauben: Er muss mit der menschlichen Vernunft kompatibel sein, es darf nicht unvernünftig sein, zu glauben. Der Glaubende muss nachvollziehbar klären, was ihn an der Beziehung zu Gott tragfähig erscheint. Dazu gehört unbedingt auch die Auseinandersetzung mit den eigenen Zweifeln und Kritik am Glauben.

Glaube ist aber nicht falsifizierbar, was nicht anderes heißt, ob ‚Gott existiert' oder nicht ‚existiert', bleibt rational nicht klärbar.

Wer diesem Dasein Gottes vertraut, muss sein Vertrauen auch nach außen verständlich kommunizieren. Wenn man sich hierzu nur unverständlich ausdrückt, so dass die eigene Botschaft beim Empfänger nicht oder nur teilweise oder nur als Kauderwelsch ankommt, kann Glaube nicht sein Potential entfalten, er wird buchstäblich unvernünftig. Glaube beinhaltet deshalb, sich der Widersprüche des eigenen Glaubens bewusst zu sein oder sich von Außenstehenden kritisch hinterfragen zu lassen. Es besteht sogar die Pflicht dazu. Wer sich nicht argumentativ mit seinem Glauben auseinandersetzt, nimmt seine von Gott gegebene Vernunft nicht ernst.

Zur rationalen Durchdringung gehört das spirituelle Ergriffensein. Christlicher Glaube will den ganzen Menschen ansprechen. Mit Herz, Kopf und Leib kann sich der Mensch dem menschenfreundlichen Gott anvertrauen. Deshalb hat sich im christlichen Glauben eine reiche Tradition an Gebeten, Meditationen und Gottesdiensttraditionen entwickelt, die mit ihrer Symbolik und Aussagekraft viele anspricht. Zum Glauben des ganzen Menschen gehört weiter notwendig die Hinwendung zum Mitmenschen. Wer klug über Gott redet, ihn inbrünstig verehrt und zu ihm betet, sorgt für das Wohlergehen seiner Mitmenschen. Fehlt ein Aspekt der Liebe zu Gott, ist der Glaube nur „eine lärmende Pauke“ (1 Kor, 13,1).

[Leben und Botschaft]
eines außergewöhnlichen Menschen

Der jüdische Mann Jesus ist der absolute Mittelpunkt der vier Evangelien (griech. ‚Frohe Botschaft', ‚gute Nachricht') und des gesamten Neuen Testamentes. Darüber hinaus ist er die Hauptperson vieler Bücher des jungen Christentums, die nicht in den Kanon der Bibel aufgenommen wurden. Auf dieser Person und seinem Wirken baut die gesamte christliche Theologie und Religion auf. Der Name Jesus ist die griechische Form für den hebräischen Personennamen Jehoschua oder Josua (hebr. ‚Gott rettet').

Bis heute gibt es Tendenzen, die die Existenz Jesu überhaupt in Zweifel ziehen bzw. ganz abstreiten. Die Überzeugungskraft der frühen Gemeinden, die relative Schnelligkeit, mit der sich der Glaube an die nahende Gottesherrschaft verbreitete und die Konsequenz der frühen Gläubigen, sich entsprechend ihres Glaubens zu verhalten, ist beeindruckend und größtenreils historisch gesichert. Die Problematik aus heutiger Sicht besteht darin, dass Behauptungen über Leben und Handeln Jesu im Neuen Testament viele menschliche Deutungen beinhalten. Es ist heute nicht mehr möglich, die originale Botschaft Jesu von ihren späteren Interpretationen und Weiterentwicklungen zu trennen. Darstellungen des Lebens und Sterbens dieses jüdischen Mannes aus dem armen Norden Israels bleiben immer Annäherungen. Bei allen Versuchen gibt es die Gefahr, seine Botschaft für die späteren eigenen Überzeugungen zu instrumentalisieren. Die Evangelien sind die Ergebnisse eines vielgestaltigen Interpretationsprozesses mit vielen Rückübertragungen. Das, was spätere Generationen an Jesusanhängern glaubten, wurde in die Evangelien quasi vorverlegt, als wäre es schon zu Lebzeiten Jesu Realität gewesen.

Denjenigen, die seine Worte und Handlungen aufschrieben, ging es um die Darstellung seines messianischen Profils. Jesu typische Redeweise in Gleichnissen, seine überraschende Zuwendung zu den sozial Schwachen, sein unbedingter Glaube an Gott, sein ganzes Charisma sollte weitergegeben werden. Dabei hatte jeder Evangelist seinen ganz persönlichen theologischen Schwerpunkt, so dass die Forschung sich vom einzelnen Autor ein verhältnismäßig genaues Bild hinsichtlich seiner Einstellung und Herkunft machen kann. In den vier Evangelien nach Matthäus, Markus, Lukas und Johannes stehen für die Rekonstruktion des Lebens Jesu vier verschiedene Berichte zur Verfügung. In den Briefen des Paulus und den Briefen, die ihn als Autoren benutzten, sowie in den weiteren Briefen des Neuen Testaments kommen weitere verschiedene Glaubensbotschaften hinzu. Ihre Herkunft, Bedeutung und Aussagerichtung zu verstehen, bedarf es eines eigenen Buches.

Jesus stammt aus dem heutigen Nordisrael, aus der westlichen Region am See Genezareth. Von seiner Geburt und seinen ersten Jahren bis zum erwachsenen Alter sind nur legendenhafte Erzählungen bekannt, die später mit den Überlieferungen über sein Leben sowie Tod und Auferstehung in den Evangelien verknüpft wurden.

Historisch gesehen, muss man seine Geburt zwischen 7 und 4 v. Chr. ansetzen, so dass er zum Zeitpunkt seines Todes zwischen 33 und 40 Jahre alt war. Die Evangelien berichten nur von seinen letzten drei bis vier Lebensjahren. 30 oder 33 n. Chr. kann als sein Todesjahr angesetzt werden. Die letzten Jahre sind offensichtlich die entscheidenden seines Lebens. In diesem Zeitraum wandert er als Prediger und Rabbi durch seine Heimatregion, verkündet Gottes Reich, wendet sich besonders den Armen und Schwachen zu, schart Anhänger um sich und wird schließlich verfolgt, gefoltert und getötet. Sein Tod ist Faktum, die Bildung einer Anhängerschaft ist ohne historische Zweifel.

Jesus sprach sicher aramäisch, eine Sprache, die von den Persern eingeführt wurde. Wahrscheinlich sprach und verstand er auch Hebräisch.

Alle vier Evangelien gehen davon aus, dass Jesus als jüdischer Mann in bescheidenen Verhältnissen aufwuchs. Zimmermann im Sinne eines ausgebildeten Handwerkers mit Meisterbrief war er nicht. Er war ein „Tekton“ (Mk 6,3), d.h. er arbeitete als einfacher Arbeiter auf dem Bau mit Holz, Stroh und Steinen. Und vermutlich hat er dies von seinem Vater gelernt.

In allen vier Evangelien erhält seine Mutter Maria (hebräisch: Mirjam) eine bedeutsame Position. Jedes Evangelium setzt aber für die konkrete Bedeutung der Mutter Jesu eigene Akzente (Mk 3,20f. 31–35; 6,1–6; Lk 1–2; Mt 1–2; Joh 2,1–12).

Dass Jesus schon früh sich einen rabbinischen Diskussionsstil angeeignet hat, zeigen seine Gespräche und Reden, in denen er sich vor allem sich der Metaphern aus der Landwirtschaft und Fischerei bediente. So geht das Sämanngleichnis (Mk 4,1–34) auf die Arbeit eines Landarbeiters ein, das Sauerteiggleichnis auf die Arbeit einer jüdischen Hausfrau (Mt 13,33; Lk 13,20–21), das Menschenfischerwort auf die Arbeit der Fischer (Mk 1,16–20). Dieses waren Bilder und Metaphern, die jeder damalige Normalbürger in Galiläa verstand, besonders wenn er weder schreiben und lesen konnte.

Jesus lebt und wirkt innerhalb eines geografischen Dreiecks zwischen den Orten Kafarnaum – Bethsaida – Chorazim am Nordufer des Sees Gennesareth. Dies war eine damals völlig unbedeutende Gegend in der römischen Provinz Judäa, von den Juden Galiläa genannt. Römische Quellen erwähnen ihn deshalb nicht, weil er wahrscheinlich Römerstädte wie Sepphoris oder Tiberias an der wichtigen Straße ‚Via Maris' als Jude nicht betreten hat. Es ist möglich, dass er häufig zum Haus des Fischers Petrus in Kafarnaum am See zurückkehrt. Jesus findet jedenfalls die Mehrheit seiner Freunde und Anhänger in der einfachen Bevölkerung seiner Heimatregion und nicht bei den Intellektuellen.

Jesu Leben als Wanderprediger beginnt im Erwachsenenalter – wahrscheinlich durch die Begegnung mit dem Bußprediger Johannes den Täufer. Als dieser, eigenwillig und asketisch, zur sofortigen radikalen Umkehr zu Gott in Form einer Bußtaufe aufruft, ist es um den Bauarbeiter Jesus aus Galiläa geschehen. Er lässt sich von Johannes taufen und bleibt wahrscheinlich einige Zeit in seinem Umfeld.

Aber schließlich bricht er selber auf, um seine eigene Glaubensüberzeugung zu verkündigen. Dieser Prozess scheint mit familiären Konflikten einhergegangen zu sein (Mk, 10,51; Joh 20,16). Von nun an ist er Jesus, der Rabbuni (hebr. ‚mein Lehrer'). Als charismatischer Wanderprophet durchstreift er seine Heimat.

Diese Entwicklung war an sich nichts Ungewöhnliches im damaligen Judäa. Viele Propheten tauchten auf und beanspruchten, von Gott selber instruiert worden zu sein. Die sozialen und politischen Gegensätze zwischen der jüdischen Bevölkerung, der römischen Besatzungsmacht und den Koalitionen im Judentum führten zu einer aufgeheizten Stimmung im Land. Religiöse Prediger fanden eine interessierte Zuhörerschaft unter der unzufriedenen jüdischen Bevölkerung, die die Fremdherrschaft, die daraus resultierende Steuerlast und Bevormundung nicht akzeptierten.

Jesus beginnt sein Wirken mit einem Aufruf zur Umkehr. Er ist von einer Realität absolut überzeugt: Das Reich Gottes ist jetzt und hier nahegekommen. Dieses Reich ist der entscheidende Mittelpunkt seiner Predigt:

„Die Zeit ist erfüllt, das Reich Gottes ist nahe. Kehrt um, und glaubt an das Evangelium!“ (Mk 1, 15). Der Begriff der nahenden Königsherrschaft Gottes oder Gottesherrschaft stammt wahrscheinlich von Jesus selber. Ihr Kommen ist das alles überstrahlende Motto seiner Verkündigung, der er sich unbedingt verpflichtet fühlt.

Aufgrund seiner Predigten und Lehrgesprächen sowie seiner Heilungen folgt ihm bald regelmäßig ein Kreis von Menschen, die seine Predigt hören und sich angezogen fühlen. Dieser Jüngerkreis ist nicht nur ein Schülerkreis eines jüdischen Schriftgelehrten, sondern darüberhinaus eine kleine familiäre ‚geistliche‘ Gruppe. Vermutlich wird Jesus von wohlhabenden Sympathisanten finanziell über Wasser gehalten. Reiche Frauen spielen eine nicht unerhebliche Rolle in der materiellen Versorgung der frühen Jesusgemeinde (Lk 8,11ff.).

Jesus ist Jude bis zum Tod. Er war von seinen jüdischen Eltern wie jeder Junge im Glauben der Väter erzogen, und praktiziert diesen einzigartigen Glauben bis an sein Ende.

Sein Verhalten gegenüber damaligen Randgruppen und gegenüber der sozial-religiösen Kontrolle der griechisch geprägten, vornehmen Sadduzäer bleibt provokativ. Die Priesterkaste der Sadduzäer verwaltete damals den jüdischen Tempelkult in Jerusalem. Der Hohepriester führte sein erbliches Amt auf Zadok, den Priesterkönig der Makkabäerzeit, zurück. Diese Eliten wachten über die strenge Einhaltung der religiösen Gesetze. Jesus relativiert ihre Bedeutung. Für sie ist er der

‚Fresser‘ und ‚Weinsäufer‘ (Mt 11,19), der mit ‚Sünderinnen‘ nahen Kontakt pflegte (Lk 7,36–50) und die jüdischen Reinheitsgebote zugunsten der Menschlichkeit relativiert. Er ist der Mann, der Gott über alle Gebote stellt (Mk 7,1–23). So entsteht ein Konflikt, der direkt ins Zentrum der religiösen Macht zielt. Weil diese jüdische Oberschicht teilweise eng wirtschaftlich mit den römischen Besatzern verflochten ist (z.B. treiben sie für Römer die Steuern ein), wird Jesus zur Gallionsfigur einer Protestbewegung, die besonders in der armen Bevölkerungsschicht zahlreiche Anhänger findet. Während eines Passahfestes in Jerusalem im Jahr 30 oder 33 n. Chr. kommt es nach den Evangelien zur unausweichlichen Konfrontation mit den Autoritäten.

Seine Protestaktion im Jerusalemer Tempel (Mk 11,15ff.) wird als Kritik am Tempelkult der Sadduzäer gedeutet und bringt das Fass der Kritik zum Überlaufen. Jesu Aussagen sind für die hebräischen Kultusdiener zuviel der religiösen Leidenschaft, es rüttelt an ihrer Existenz. In einer Melange aus religiösen Vorurteilen, politischen Ängsten und Vorsichtsmaßnahmen wird Jesus von der römischen Besatzungsmacht gefoltert und als Exempel gegen weiteren religiös motivierten Aufruhr im Auftrag einiger jüdischer Gemeindevorsitzenden hingerichtet (die genauen politischen Konstellationen sind uns nicht mehr zugänglich, offensichtlich muss es auch projesuanische jüdische Älteste gegeben haben, vgl. Mt 27,57–60; Mk 15,42–46; Lk 23,50–53;

Joh 19,38–42). Die offizielle Begründung für die Hinrichtung lautet ‚Majestätsbeleidigung des römischen Kaisers und Landfriedensbruch'. Jesus wird gegeißelt und gekreuzigt, eine Hinrichtungsart für Schwerverbrecher.

Ob der römische Statthalter Pilatus tatsächlich ein persönliches Interesse an Jesu Tod hat, kann bezweifelt werden. Dies gilt auch für die Gesamtheit der jüdischen Bevölkerung. Sein Tod ist religiös-politisch durch die herrschenden Eliten begründet, für seine Anhänger im jüdischen Volk ein furchtbarer Schock, für andere ein Randereignis der Geschichte.

Jesus wird nach seinem relativ rasch eintretenden Kreuzestod außerhalb der Stadtmauer Jerusalems in einem Felsengrab eines begüterten Anhängers begraben (Mt. 27,57–60).

[Die Botschaft]

Jesus hat die Vorstellung, dass die Herrschaft Gottes bald anbrechen wird, nicht erfunden. ‚Gott ist König', gegenwärtig, immer und ewig, ist bereits die Basisüberzeugung jedes frommen Juden.

Im Unterschied zur jüdischen Tradition zeigt sich aber in Jesus ein charismatischer Wanderprediger, der von diesem Prozess völlig und unwiderruflich überzeugt ist, sein Handeln vollständig daraufhin ausrichtet. Das Gottes Reich ist für Jesus zum Greifen nah. Damit unterscheidet sich seine Verkündigung von der bisherigen Annahme Israels, dass Gott ‚irgendwie' inmitten seines Volkes anwesend ist. Es geht ihm nicht allein um einen erneuerten Gehorsam gegenüber dem Gesetz Gottes, sondern um die kommende Gottesherrschaft, um eine völlig andere und menschlich nicht zu erfassende Weise: Gott wird endgültig und absolut anwesend sein unter den Menschen. Damit ist die Königsherrschaft Gottes nicht eine statische Angelegenheit, ähnlich wie die Proklamation eines neuen Staates, sondern ein ‚Aktionsterminus'. Was jetzt geschieht, geschieht innerhalb des Königtums Gottes. Die Endzeit ist angebrochen. Und Endzeit hat mit konstruktiven Bildern vom nahenden Reich der Himmel zu tun (Jes 11,1–9), in dem Gott sich erkennbar den Menschen zeigt und ihre leidvolle und materiell bedrängende Existenz für immer überwinden wird. Apokalyptische Unheilszenarien sind für Jesus uninteressant.

Wenn das Reich Gottes kommt, müssen die Menschen ihr Leben an Gott ausrichten. Seine Annahme ist mit einer verschärften Handlungsethik verbunden, die in der Hinwendung zu den Randgruppen der Gesellschaft und im vollen Vertrauen in Gottes Wort deutlich wird. Jesus warnt seine Zuhörer vor Angst, Mutlosigkeit und verständlicher Resignation angesichts der Hindernisse, die sich dabei in den Weg stellen (Mk 13, 1–23). Er strahlt eine sehr große Zuversicht aus. In einer armen Gesellschaft, die am Rande des Existenzminimums lebt und von ihrer Einflusslosigkeit überzeugt ist, sicherlich eine hoch attraktive Alternative.

Jesus hat keine asketische Botschaft im Sinn, es geht ihm, modern gesprochen, nicht um Fundamentalismus. Jesus ist absolut nicht an einer Ablehnung der hebräischen Torah gelegen, sondern als gläubiger Jude an ihrer Optimierung. Nur wer Gott so liebt, wie er seinen Nächsten und sich selber liebt, und wer seinen Nächsten und sich selber liebt und danach handelt, liebt Gott. Gottes-, Nächsten- und Selbstliebe sind eins.

Wer Gott und seine Königsherrschaft als erwiesen ansieht, darf am Nächsten nicht vorbeigehen, der Hilfe braucht. Und wer helfend handelt, ist diesem Gott näher, auch wenn er vielleicht nicht das richtige ‚Parteibuch' mit sich führt. So wird der von den Juden abgelehnte Samaritaner mit der ‚falschen' Religionszugehörigkeit als ein Mensch dargestellt, der im Gegensatz zu den Priestern und ihren Mitarbeitern am Jerusalemer Tempel die Rede vom Gottesreich verstanden hat (Lk 10,30–37).

Barmherzigkeit und soziale Zuwendung ist das entscheidende Handlungsprinzip, welches aus dem Glauben an die kommende Gottesherrschaft folgt. So sind die Sünder diejenigen, denen Jesus nicht ausweicht, sondern er wendet sich ihnen besonders zu. Glaubensvorstellungen von der Vergebung und Zuwendung Gottes und Handeln passen zusammen (Mt 18,23–33; 20,1–15, Lk 15,11–32).

Jesu Auftreten ist außergewöhnlich. Sein Umgang mit körperlich, modern vor allem psycho-somatischen Kranken, beeindruckt. Für sie kannte die damalige Medizin nur unzureichende Mittel. Nicht nur, dass Jesus sich diesen Menschen aktiv zuwendet, sich mit ihnen auseinandersetzt und sie oft durch Berührung heilt, was nach damaligen Vorstellungen kultisch unrein macht, sondern er heilt auch ohne Bezahlung und ohne Bedingungen. Allein, ob die Kranken ihm und seiner Heilung im Namen Gottes vertrauen, ist das ‚Ticket' zur Gesundung. An Heilungen zur Demonstration seiner Predigt oder zur Legitimation seiner besonderen Stellung ist Jesus nicht interessiert. Weder an einem Bekenntnis zu seiner Person ist ihm gelegen noch bildet er sich auf seine Talente etwas ein. Jesus ist im Gegensatz zu anderen Wunderheilern außergewöhnlich uneitel. Psychologen würden sagen, Jesus kennt keine narzisstische Verdrehung. In seiner Predigt geht es um Gott allein.

Diese bemerkenswerte Eigenschaft macht vermutlich sein Auftreten so überzeugend und glaubwürdig. Wer Gott in den Mittelpunkt stellt, muss vollständig von sich selber absehen und nicht darum werben, von allen geliebt und verehrt zu werden. Jesus kann mit der harschen Kritik seiner Feinde umgehen. Ein unsicherer oder feiger Rabbi hätte bald keine Wirkung mehr gehabt. Er geht weder Streitgesprächen noch persönlicher Verfolgung aus dem Weg (Mk 3,1–6; Mk 2,18–22; Mk 7,1–23; Mk 11,27–33; Lk 13,10–16; Lk 14,1–6). Es zeugt von Jesu inneren Sicherheit: Er weiß, dass die Gottesherrschaft nahe kommt und dass sie mit ethischen Konsequenzen verbunden sein wird.

Seine Anrede an seinen Gott JHWH als persönlicher Vater passt zur seiner Botschaft. Gott als Vater ist in den Evangelien ein häufiger Gottesbegriff. Er schützt, sorgt und vergibt den an ihn Glaubenden. Er hat einen klaren Willen und zeigt sich den Menschen. Er ist der „Vater, Herr des Himmels und der Erde“ (Mt 11, 25) und trägt das Leben „in sich“ (Joh 5, 26). Die Anrede Gottes als ‚Abi‘ (hebr. ‚mein Vater‘) übernimmt Jesus aus der Tradition. Ob Jesus in der aramäischen Anrede ‚Abba‘ (aram. ‚Vater‘, ‚Papa‘) tatsächlich eine Beziehung zwischen Gott als übermächtigen Vater und seinen abhängigen Kindern unterstützt, bleibt aus heutiger Sicht unklar. Wahrscheinlich ermutigt Jesus seine Jünger eher zu einem eigenständigen Gottesverhältnis. Sie können mit Gott ein Gespräch auf Augenhöhe führen und haben in ihm einen starken Verbündeten, der ihre Fragen und Zweifel und ihre Bedürfnisse ernst nimmt. Furcht oder Angst vor dem allmächtigen Vater, der jeden fehlerhaften Schritt beobachtet und bestraft, lassen sich in den Aussagen der Evangelien über Gott als Vater nicht finden. Für den christlichen Glauben bleibt Gott „der Vater der Barmherzigkeit und der Gott alles Trostes“ (2 Kor 1, 3). Das Vaterunser, welches Jesus seinen Jüngern empfiehlt, wird zum zentralen Gebet des Christentums (Lk 11, 2–4).

Fasst man diese ausgewählten Kennzeichen der Botschaft Jesu zusammen, so ist es nicht weiter verwunderlich, dass für die Augen- und Ohrenzeugen Gott selber in diesem Mann spricht und handelt. Schon zur

Zeit der Evangelisten und der Apostel gibt es Ansatzmöglichkeiten für die spätere Verehrung des ‚Christus' (Mk 8,29). Jesus wird nach seinem Tod der aus einer bestimmten jüdischen Tradition bekannte Messias, eine gewagte Bezeichnung, denn sie führt zur Trennung vom Judentum. Er ist der Menschensohn (Lk 12,8) und Sohn Gottes (Mk 15,39; Mt 14,33), ein Titel, der in der Zeit nach der Entstehung des Neuen Testamentes bis heute der entscheidende Titel des Jesus von Nazareth bleibt.

Allerdings bleibt den ersten Christen ein zentrales Problem. Die Naherwartung oder Parusie, das absolute und vollständige Erscheinen des Gottesreiches, wie es Jesus dies immer wieder verkündet hat, scheint sich nicht zu erfüllen. Die bekannte Weltordnung bricht nicht zusammen. Diese Enttäuschung der ‚Naherwartung' forderte die christliche Theologie zur Weiterentwicklung auf.

Die Vorstellung, dass Gott sich plötzlich in seiner ganzen Macht zeigt und die Unrechtsverhältnisse auf der Erde von heute auf morgen beendet sein werden, wird von der Kirche nicht aufgegeben, sondern verändert. In den Glaubensbekenntnissen bleibt die christliche Erwartungs- und Hoffnungshaltung, dass Jesus als Richter über Lebende und Toten wiederkommt, die Toten auferstehen und das ewige Leben erscheint. Mehr und mehr bricht sich die Erkenntnis Bahn, dass die Gottesherrschaft kein spontan eintretendes Ereignis, sondern eher als Prozess der Weiterentwicklung und der

Vollendung der Menschheitsgeschichte und der Welt zu verstehen ist. Niemand weiß deshalb, wann und wie sich dieser Prozess vollenden wird. Die Aufgabe des christlichen Glaubens bleibt bestehen, die Einheit von Gottes- und Menschenliebe als die religiöse Aufgabe in praktische soziale Arbeit für eine wahrhaft humane Gesellschaft umzusetzen. Je mehr sich die Menschen von ihren Begrenzungen befreien und mündig werden, kann die endgültige Wirklichkeit, die Zukunft, die Gott selber ist, prozesshaft verwirklicht werden. Wann dies vollendet sein wird, ist Gott allein vorbehalten.

[Auferweckt von den Toten]

Der christliche Glaube ist ohne seine Überzeugung, dass Jesus von Gott von den Toten auferweckt worden ist, schlechthin nicht denkbar. Aufgrund der neutestamentlichen Zeugnisse ist gesichert, dass dieser Glaube an die Auferstehung Jesu von den Toten schon bald nach dem Tod Jesu in der frühen Kirche selbstverständlich war. Paulus stellt im 1. Korintherbrief diese Formel der ‚Urchristen' an die Gemeinde in Korinth dar (ca. 50 n.Chr.):

„Denn vor allem habe ich euch überliefert, was auch ich empfangen habe: Christus ist für unsere Sünden gestorben, / gemäß der Schrift, und ist begraben worden. / Er ist am dritten Tag auferweckt worden, / gemäß der Schrift, und erschien dem Kephas, dann den Zwölf." (1 Kor 15,3–5)

Diese Aussage ist das älteste Zeugnis für den Auferstehungsglauben der christlichen Gemeinden (siehe auch 1 Thess 1,10; 4,14). Der Auferstehungsglaube als Glaube an die Machttat Gottes, der Jesus aus dem Tod auferweckt, gehört zum Kern des christlichen Glaubens (Apg 2,22–40; 3,12–16; 5,29–32; 10,34–43).

Dass die frühen Christen von der Auferstehung Jesu zweifellos ausgingen, ist eine unbestreitbare Tatsache. Dieser Glaube hat besonders zur Stärkung und Weiterentwicklung der christlichen Kirche beigetragen. Ohne ihn wäre die Annahme, dass Jesus von Nazareth der Messias bzw. der Christus sei, in dieser Evidenz nicht durchzuhalten gewesen. Allerdings ging es der Kirche niemals um einen historisch-wissenschaftlichen Beweis für die objektive Tatsache der Auferstehung und auch nicht darum, die Auferstehung Jesu in logischen Begriffen vollkommen begrifflich und rational zu erklären.

Die Glaubwürdigkeit der Zeugen, die das leere Grab bzw. den Auferstandenen gesehen hatten, war für die frühe Kirche ohne Zweifel. Die beiden gegenseitig erklärenden Erfahrungen, die historisch-kritisch nicht anzweifelbar sind, waren die Entdeckung des leeren Grabes (älteste Bezeugung Mk 16,1–8) und die Erfahrungen derjenigen, die Jesus nach seinem Tod als Lebendigen erfahren hatten. Frauen galten nach jüdischem Recht damals als zeugnisunfähig und daher nicht glaubwürdig. Dass Lukas den Bericht der Frauen vom leeren Grab als Geschwätz darstellt, dem keiner so recht glauben wollte (Lk 24,11), zeigt an, dass diese

Berichte trotzdem für die ersten Christen sehr wichtig waren und immer wieder weitergegeben wurden.

Anderseits erzählten glaubwürdige Zeugen der kleinen Gemeinschaft, dass Jesus ihnen nach seinem zweifellosen Tod am Kreuz als Lebendiger erschienen war. Dafür spricht vor allem die obige Formel im Korintherbrief. Hoch angesehene Mitglieder der Jesusgemeinde berichteten, dass sie den lebendigen Jesus getroffen hätten. Dazu gehörten glaubwürdige Persönlichkeiten wie Petrus oder Jakobus, enge Weggefährten Jesu. Diese intensiven Begegnungen mit Jesus nach seiner Kreuzigung hatten ihre persönlichen Einstellungen verändert. Sie konnten ihre Umgebung offensichtlich davon überzeugen, dass sie nicht übergeschnappt waren, sondern dass sich der vor allen Augen gekreuzigte Jesus ihnen selber nach seiner Grablegung als lebendiger Mensch wahrnehmbar gezeigt hatte. Insbesondere die berühmte Emmausgeschichte (Lk 24,13–35) erzählt schlicht von einer Begegnung zweier Jesusanhänger mit einem Unbekannten. Dieser fragt empathisch nach ihrer Bestürzung über den Tod Jesu und erweist sich später beim Essen als Jesus selber. Derjenige, der gekreuzigt wurde, ist auferweckt worden, wir sind uns sicher, dass dies stimmt, das glauben seine Anhänger unbedingt.

Schon Jesus hatte fest daran geglaubt, dass Gott selber in die Zeit eingreift und die Welt nach seinen Maßstäben umgestalten würde. Man kann davon ausgehen, dass Jesus selber an eine Auferstehung der

Toten glaubte (Mk 12,18–27). Der Glaube an die Auferstehung kam also nicht aus heiterem Himmel – völlig unerwartet – im frühen Christentum auf.

Trotzdem bleibt der Glaube an die Auferstehung ein Geheimnis. Zu einer naturwissenschaftlichen Erklärung der Auferstehung wird es nicht kommen, weil sie als Mysterium Gottes unkontrollierbar für Menschen bleibt. Gerade diese Einsicht in die Autonomie Gottes, welche die Auferweckung Jesu zu seiner alleinigen Sache macht, korrespondiert mit der Vorstellung vom Reich Gottes, die schon Jesus angetrieben hat: Jetzt und hier ist das Reich Gottes sichtbar und verständlich unter uns Menschen erschienen.

Der Glaube an die Auferstehung Jesu hat aber noch weiter reichende Konsequenzen.

„Wenn Jesus – und das ist unser Glaube – gestorben und auferstanden ist, dann wird Gott durch Jesus auch die Verstorbenen zusammen mit ihm zur Herrlichkeit führen“ (1 Thess 4,14). Wenn die Lebensgemeinschaft mit Jesus aufrecht erhalten wird, umfasst dies auch das Zusammensein mit ihm nach dem Tod. Der christliche Glaube versteht die Auferstehung Jesu nicht als einzelnes Ereignis, sondern geht von einer Auferstehung aller Toten am Ende der menschlichen Epochen aus. Wie im Judentum üblich, bedeutet dies keine Trennung zwischen ‚schlechtem‘ Leib und ‚guter‘ Seele, sondern die Auferstehung des Menschen mit seiner vollständigen Identität.

Die Erwartung der allgemeinen Auferstehung aller

Toten am ‚Ende der Welt' verspricht einen völlig andersartigen, ‚vollendeten' Zustand der gesamten Schöpfung bei Gott, der dann ‚alles in allem' sein wird. Mit der bisherigen Existenz der Menschheit ist diese ‚Zeit' nicht mehr vergleichbar.

[Jesus ist der Christus]

Das Jesusbild verändert sich im Laufe der Jahrzehnte nach seinem Tod. Aus dem Rabbi und Wanderpropheten aus dem armen Hinterhaus Israels wird relativ schnell in den Augen seiner Anhänger ein Mensch, der als ‚Messias' verehrt wird. In diesem Prozess wird Jesus nicht nur zum charismatischen Religionsstifter, er ist der ‚Herr' (griech. ‚Kyrios'). In seinem Namen erwarteten die Anhänger das kommende Gottesreich. Ihr gemeinsames Gebet, die Feier des Brotbrechens und soziales Engagement sowie ihr – wenn auch spannungsgeladener neuartiger sozialer Zusammenhalt in einer streng hierarchischen Gesellschaft – prägten diese anfangs noch kleinen Gemeinschaften.

‚Christus' wird Jesus erst zu einem späteren Zeitpunkt genannt. Der Begriff des Messias ist eine griechische Form des hebräischen ‚Maschiach' oder ‚Moschiach' und bedeutet ‚Gesalbter Gottes'. In der griechischen Übersetzung der jüdischen Torah, der ‚Septuaginta' (LXX), die in Ägypten geschrieben wurde, wird Messias mit ‚Christos' übersetzt. ‚Christos' heißt griechisch ‚gesalbt'.

Dieser Messias-Begriff, der heute so geläufig ist, war damals nur für einen Teil der jüdischen Gesellschaft wichtig. Man operierte mit der Vorstellung, dass Gott das gesamte Volk Israel retten und befreien würde – vor allem aus den drückenden Belastungen verschiedener Fremdherrschaften. Tatsächlich traten in der Folge immer wieder Personen mit messianischen Ansprüchen auf. Durchsetzen konnte sich keine. Im Gegenteil – viele Juden lehnten eine Person, die von sich selber messianische Qualitäten behauptete, immer wieder ab, auch wenn in den Büchern der Propheten vor der Zeitenwende die Hoffnung auf einen Retter aufkam. Der Prophet Jesaja spricht von der Jungfrau, die ein Kind als Zeichen Gottes empfangen wird, „sie wird einen Sohn gebären und sie wird ihm den Namen Immanuel (Gott mit uns) geben“ (Jes 7,14–17). Auch kannten jüdische Kreise die Vorstellung, dass diese Rettergestalt für Israel in einer unbedeutenden Gegend des Landes, in Bethlehem-Efrata hervorgehen und geboren wird (Micha 5,1–3). Die Menschen, die Jesus und seine Gottesbotschaft zur Grundlage ihrer eigenen Gottesbeziehung machten, übernahmen den bekannten Titel ‚Messias‘ für Jesus (Mk 8,29). Jesus Christus ist demnach eine Abkürzung der grundsätzlichen Aussage des christlichen Glaubens: Jesus (ist) der Christus.

Allerdings gab es in diesem Prozess tiefgreifende Auseinandersetzungen in den frühen Gemeinden, denn die eindeutige Kennzeichnung von Jesus als ‚Messias‘ führte letztlich zum Bruch mit der jüdischen Gemeinde.

Dieser Titel ‚Messias' für Jesus war der Anlass, die frühen Christen aus den Synagogen auszuschließen bzw. einiger Christen, sich aggressiv von den Juden abzugrenzen und führte leider in der Folge zu einer schrecklichen und gewaltsamen Trennungsgeschichte der Christusgläubigen von ihrer Wurzel, dem Judentum.

Die Vorstellungen von Jesus als Messias wurden von Judenchristen aus Teilen der jüdischen Überlieferung nachhaltig übernommen und gehören noch heute zum christlichen Glauben. Aus dem Fundament eines alten und bewährten Glaubens bildete sich etwas Neues und bestimmt den Glauben der Christen bis heute.

[Jesus ist der Sohn Gottes]

‚Sohn Gottes' ist einer der häufigsten Hoheitstitel für Jesus im Neuen Testament. Er taucht dort in fast allen Schriften auf. Bei der Taufe am Jordan spricht Gott selber Jesus als geliebten Sohn an (Mk 1,1). Auch die Dämonen nennen Jesus ‚Sohn Gottes' (Mk 3,11; 5,7). Jesus selber bezeichnet sich allerdings an keiner Stelle in den Evangelien selber als Sohn Gottes! Wenn überhaupt, spricht er von sich als Menschensohn (Mt 11,18; Lk, 9,56; Mk 2,28).

Die Bezeichnung ‚Jesus – Sohn Gottes' beruhte auf dem Wissen über das einzigartige Vertrauensverhältnis zu dem einen Gott, das Jesus aus dem jüdischen Glauben kannte (Jes 63,15f.; 64,8). Er selber vertraute seinem Gott in allem, lebte dies seinen Jüngern vor und ermunterte sie selber ausdrücklich zum Aufbau einer eigenen Bindung an den einen Gott (Lk 11,1–13). ‚Jesus ist der Sohn Gottes' war schon zur Zeit der Abfassung der Evangelien eine verbreitete christliche Glaubensaussage. Jesus ist von Natur aus der einzige Sohn Gottes (Röm 8,29). Wer an ihn glaubt, ist ebenfalls Kind Gottes und darf zu Gott ‚Abba, Vater' sagen (Gal 4,5f.; Röm 8,14ff.).

Durch weitere philosophische Einflüsse aus dem griechischen Raum entstand allerdings bald die Notwendigkeit, diesen Begriff theologisch genauer zu fassen. Deshalb kam bald die Vorstellung auf, dass Jesus als Sohn Gottes schon vor seiner Geburt und Leben bei Gott war.

Die Frage nach der Identität Jesu mit Gott oder seiner Göttlichkeit trieb die christlichen Denker um: Ist Jesus Gott? Einige Theologen verneinten dies und sahen Jesus nur als vollkommenen Menschen, als erstes und größtes Geschöpf Gottes, an.

Im berühmten Konzil von Nicäa (325 n.Chr.) entschieden sich die versammelten christlichen Bischöfe für die Aussage, die auch heute von allen Kirchen akzeptiert wird, und gegen die oben genannte Vorstellung von Jesus als herausragendes Geschöpf des Vaters. Gott als Vater zeugt durch Mitteilung des göttlichen Wesens den Sohn. Gott sieht von sich ab und wird in Jesus wahrhaft und vollständig ein Mensch, der in allem den Menschen gleicht (außer der Sünde – verstanden als bewusste Ablehnung Gottes).

Aus dieser Diskussion entwickelte sich die kirchliche Lehre von der Trinität. Diese war zwar schon in den Evangelien und Briefen angelegt, letztlich ist sie das Ergebnis einer langwierigen und komplexen Entwicklungsprozesses. Am vorläufigen Ende dieser frühchristlichen Grundsatzdebatte stehen zwei Bischofsversammlungen der jungen Kirche (Nizäa 325 n. Chr.) und Chalcedon (381 n. Chr.), in dem sich die Bischöfe auf diese Glaubensinhalte einigten. So klärte man, dass der Heilige Geist Gott und nicht ein von Gott geschaffener Erfüllungsgehilfe seines Willens darstellt. Der Heilige Geist ist die schöpferische Seite Gottes, die vom göttlichen Vater ausgeht, mit ihm und dem Sohn zusammen angebetet wird. Damit war der Weg frei für die christliche Trinitätslehre, in der Gott als ein einziges göttliches Wesen verstanden wird, das sich in drei Erscheinungsweisen verwirklicht.

Die Bischöfe einigten sich 451 n.Chr. in Chalcedon wiederum auf einen christlichen Konsens: Jesus Christus ist wahrer Gott vom wahren Gott und wahrer Mensch von wahrem Menschen. Gott wird im christlichen Glauben als lebendiges ‚Wesen' verstanden, das nicht in glückseliger Existenz fern der Menschen um sich selber dreht, sondern seine Privilegien als Gott abgibt und auf die Ebene der Menschen mit Glück und Leiden hinunter kommt: So spricht der bemerkenswerte Philipperhymnus von Jesus als Gott, der nicht daran festhält, wie Gott zu sein, sondern seine Gottgleichheit ablegt und wie ein Sklave den Menschen gleich wird (Phil 2,6–11).

In Jesus ist Gott der ‚Gott-bei-uns' (Vorgrimler). Die Anrede ‚Gott als Vater' zeigt die mächtige, starke und barmherzige Seite Gottes, an den sich der Mensch vertrauensvoll anlehnen kann. Der Sohn ist die Seite Gottes, die sich radikal mit uns Menschen solidarisiert und sich vollständig in die Welt der Menschen bis zum Tod begibt, um sie zu befreien. Der Heilige Geist ist die Seite Gottes, die den Menschen seine befreienden Gaben und Wirkungen mitteilt.

Der christliche Glauben ist weder ein ‚Jesuanismus' oder eine philosophische Prinzipienlehre. Der Mensch soll innerhalb seiner Welt getröstet, befreit und geliebt werden und kann dieses Angebot Gottes erwidern.

[Zukunftsmusik]

Das erstaunliche Moment am christlichen Glauben ist nicht, dass er trotz aller Höhen und Tiefen weiter besteht, sondern wie er nach 2000 Jahren im 21. Jahrhundert existiert. Die enormen historischen, politischen und gesellschaftlichen Entwicklungen von der griechisch-römischen Antike bis zu so genannten Postmoderne haben ihn verändert. Von einem kleinen Ableger der jüdischen Religion in einer vergessenen Ecke des römischen Reiches entwickelte sich der christliche Glaube zu einer wirklich universellen Religion. In jedem Teil der Erde leben Christen. Selbst in den Kulturen mit einer völlig anderen religiösen Quelle konnte sich der christliche Glaube niederlassen und bildete Kirchen.

Dabei spielt es kaum eine Rolle, ob der christliche Glaube in der relativ einheitlichen römisch-katholische Kirche, in den evangelischen oder orthodoxen Kirchen umgesetzt wird.

Es ist entlastend zu sehen, dass der christliche Glaube nach den frühen Entwicklungen keinesfalls ‚Friede, Freude und Eierkuchen' praktiziert. Zusammenleben von Menschen ist immer konfliktgeladen, je nach Epoche mit unterschiedlichen Ausprägungen.

Auch die ‚Urkirche' machte da keine Ausnahmen und sie kann deshalb für heutige Christen ein sympathisches und lebensnahes Beispiel für einen allerdings auch allzu menschlichen Glauben sein.

Ambivalenzen und Spannungen angesichts unterschiedlicher Einstellungen halten den christlichen Glauben lebendig und sorgen dafür, dass keine statische Ruhe eintritt. Auf der anderen Seite ist der christliche Glaube in seinen Kernüberzeugungen bemerkenswert stabil: Das Bekenntnis zum fürsorglichen, empathischen Gott Jesu Christi, das christliche Leben in Gemeinschaft, der gemeinsame Ritus in Gebet und Mahlgemeinschaft und das soziale Engagement hat sich im Kern nicht verändert.

Der christliche Glaube musste immer wieder Konflikte in sich selber und mit der Gesellschaft und ihren Institutionen austragen. Er muss die übergroße Nähe zu politischen Herrschaftsinstitutionen vermeiden und sich menschlichen Problemen widmen. Anpassung und Emanzipation von der Welt sind auch heute die Eckpunkte dieses Spannungsbogens.

Der christliche Glaube muss zwischen Verständigung mit anderen Religionen und der Bewahren des Eigenen einen glaubwürdigen Standpunkt beziehen.

In sich hat der christliche Glaube zwischen Betonung des Gebetes und Ausrichtung auf das soziale Engagement sein Gleichgewicht zu finden. Diakonie allein macht den christlichen Glauben zum hektischen sozialen Tun ohne klaren spirituellen Bezugspunkt.

Christliche Spiritualität kann zur Weltflucht ausarten, an der konkrete Not und Leid der Menschen vorbeigehen. Der Glaube wird unglaubwürdig, wenn man gegen den Rest der Welt seine eigene religiöse Kuschelecke aufbaut. Die Formel ‚ora et labora' (lat. ‚bete und arbeite') bringt christliches Leben auf den Punkt.

Dabei steht christlicher Glaube permanent vor der Frage, inwieweit man sich an den historisch vermittelten Traditionen orientiert bzw. unfruchtbare Zweige des Glaubens beschneidet, um sich auf fruchtbarere Entwicklungen zu konzentrieren.

Besonders die europäischen Kirchen müssen sich damit auseinandersetzen, wie sie ihren Glauben der modernen Gesellschaft anbieten, in der sich die Menschen zunehmend autonomisieren. Es bleibt ein wesentlicher Fortschritt, dass dem Individuum jetzt viel mehr Freiheiten in religiösen und kirchlichen Dingen garantiert sind, und der christliche Glaube diesen Prozess nicht nur historisch mit beeinflusst hat, sondern ihn akzeptiert. Es ist ein ausgesprochenes Glück für alle Glaubenden jeder Couleur, dass sich der Staat aus dem Glauben heraushält. Die Zeiten der christlichen Staatsreligion und des Verlustes an Freiheit und Autonomie des Glaubens haben sich überlebt.

Heute muss keiner im Christentum, außer in fundamentalistischen Kreisen, Sanktionen fürchten, weil er die tradierten Werte individuell interpretiert. Man mag bedauern, dass die familiären und gesellschaftlichen Strukturen den christlichen Glauben nicht mehr selbstverständlich in die Menschen ‚einpflanzen'. Der christliche Glaube muss sich bei der Überzeugungsarbeit stärker anstrengen.

Jammern und Trauern angesichts der sich verändernden Gestalt des christlichen Glaubens ist fehl am Platze. Er ist in der Lage, sich mit den modernen Ansprüchen auseinander zu setzen, er hat Wandlungen mitgemacht, die sich frühere Christen niemals hätten vorstellen können und Konflikte überstanden, die eine glatte Einheitlichkeit durchbrochen haben. Dafür entstand mehr Platz für vielfältige neue Entwicklungen. So haben Christen auch in den Kirchen nach 2000 Jahren gelernt, nicht mehr mit der Waffe in der Hand ihre notwendigen Konflikte auszutragen, sondern in den verbalen Dialog und Streit zu investieren. Sie strengen sich an – manchmal holprig – sich gegenseitig besser zu verstehen und das Anderssein der Schwesterkirchen als Teil der christlichen Tradition wertzuschätzen.

Aus dem Geist des christlichen Glaubens plausible Impulse für soziale Veränderungen und glaubwürdige Antworten auf die spirituellen Sehnsüchte der Menschen zu finden, sind sicherlich die vornehmsten Aufgaben dieser Religion zwischen Zuwendung zum Menschen und Verehrung Gottes.

Literaturverzeichnis

Albus, Michael: *Kirche nach dem Infarkt. Von der Zukunft der Religion,* Gütersloh Gütersloher Verlagshaus 2007.

Bischöfe Deutschlands und Österreichs und der Bistümer Bozen-Brixen und Lüttich (Hrsg.): *Die Bibel. Altes und Neues Testament. Einheitsübersetzung,* Freiburg i. Br. Herder 2008.

Deissler, Alfons; Vögtle, Anton (Hrsg.): *Neue Jerusalemer Bibel,* Freiburg i. Br. Herder 4. Auflage 2006.

Deutsche Bischofskonferenz (Hg.): *Katholischer Erwachsenenkatechismus,* Bd. I+II, Bonn 1985/ 1995.

Eicher, Peter (Hrsg.): *Neues Handbuch theologischer Grundbegriffe,* Bd. I–IV, München Kösel 2003.

Jeremias, Joachim: *Neutestamentliche Theologie, Erster Teil – Die Verkündigung Jesu,* Gütersloh Gütersloher Verlagshaus 1988.

Karrer, Martin: *Jesus Christus im Neuen Testament.* Göttingen Vandenhoeck & Ruprecht 1998.

Lüdemann, Gerd: *Der große Betrug. Und was Jesus wirklich sagte und tat.* Lüneburg Klampen, 4. Aufl. 2002

Merklein, Helmut: *Die Gottesherrschaft als Handlungsprinzip. Untersuchung zur Ethik Jesu,* Würzburg Echter 1984.

Rahner, Karl: *Grundkurs des Glaubens: Einführung in den Begriff des Christentums,* Freiburg/Br. Herder 2008.

Rahner, Karl; Vorgrimler, Herbert: *Kleines Konzilskompendium. Sämtliche Texte des Zweiten Vatikanums,* Freiburg/Br. Herder 2008.

Ratzinger, Joseph: *Glaube – Wahrheit – Toleranz. Das Christentum und die Weltreligionen,* Freiburg/Br. Herder 2. Aufl. 2003.

Schneider, Theodor: *Zeichen der Nähe Gottes. Grundriß der Sakramententheologie,* Mainz Grünewald 7. Auflage 1998.

Schröter, Jens: *Das Abendmahl. Frühchristliche Deutungen und Impulse für die Gegenwart.* Stuttgarter Bibelstudien 210, Stuttgart Katholisches Bibelwerk 2006.

Sekretariat der Deutschen Bischofskonferenz (Hrsg.): *Den Glauben anbieten in der heutigen Gesellschaft, Brief an die Katholiken Frankreichs von 1996,* Bonn 11. Juni 2000.

Theißen, Gerd: *Der Schatten des Galiläers. Historische Jesusforschung in erzählender Form,* Sonderausgabe Gütersloh Gütersloher Verlagshaus 2004.

Theißen, Gerd; Merz, Annette: *Der historische Jesus.* Vandenhoeck & Ruprecht, Göttingen 3. Aufl. 2001.

Vorgrimler, Herbert: *Neues theologisches Wörterbuch,* Freiburg/Br. Basel Wien 2000.

Dorothee Boss, geboren 1961, studierte Theologie an der Universität Bonn und Mediation an der Fernuniversität Hagen, arbeitet als freie Autorin und Publizistin und lebt in Aachen.

Bibliografische Information der Deutschen Nationalbibliothek

Die Deutsche Nationalbibliothek verzeichnet diese Publikation in der Deutschen Nationalbibliografie; detaillierte bibliografische Daten sind im Internet über <http://dnb.d-nb.de> abrufbar.

www.echter-verlag.de

Umschlag und Gestaltung: Peter Hellmund, Würzburg
Fotos Umschlag und Innenteil: ©KNA-Bild, Bonn
Druck und Bindung: Konrad Triltsch GmbH, Ochsenfurt

ISBN 978-3-429-03004-9